Содержание

I0149007

Санатана Дхарма

Форма для достижения
бесформенного   9

От преданности из страха
к преданности из любви   13

Поклонение образам Богов   17

Духовность — бегство
от действительности?   22

Мир — это иллюзия?   25

Важность Гуру   29

Как молиться   34

Реинкарнация   37

Является ли Бог пристрастным?   40

Суть духовности

Смерть — это не конец   45

Высшее блаженство здесь и сейчас   51

Религия и духовность   56

Творец и творение   61

Суть всех религий   64

Любить себя   67

Семейная жизнь

Не прячьте свою любовь внутри себя 70

Культура в образовании   73

Воспитание детей в современном мире
77

Гармоничные отношения   81

Доверие — основа крепких отношений
85

Религиозные праздники и тексты

Преданность в «Рамаяне»   89

Впитайте суть религиозных праздников
94

Пусть Наваратри научит нас смирению
99

Подарите на Рождество любовь   102

Шиваратри — это время
предназначенное для погружения
в Бога   105

Поклоняться Кришне — значит стать
Кришной   108

Вечная красота, которой являемся мы

Собрание вневременных посланий Аммы

Составил и перевел Свами Амритасварупананда Пури

Центр Мата Амританандамайи,
Сан-Рамон, Калифорния, США

Вечная красота, которой являемся мы
Собрание вневременных посланий Аммы

Составил и перевел
Свами Амритасварупананда Пури

Издатель:
Центр Мата Амританандамайи
Почтовый ящик 613
Сан-Рамон, Калифорния, 94583-0613, США

Для международных запросов:
www.amma.org
inform@amritapuri.org

Любовь

Поднимитесь по лестнице любви
до самой ее вершины　112

Любовь делает нашу жизнь
божественной　115

Природа Гуру

Для самой тонкой из наук нужен
учитель　118

Махатмы спускаются вниз, чтобы
возвысить нас　124

Гуру — это воплощение высшей истины
127

Наша культура

Уважение к старшим　131

Восстановление гармонии природы　134

Приветствуйте всех «нежданных
гостей»　139

Свет в этой тьме　142

Духовные практики и ведическая наука

Самадхи　145

Йога в сравнении с физическими
упражнениями   149

Астрология и вера в Бога   152

Ценности

Избегайте предубеждений   157

Пробудите осознанность   162

Вредные привычки   165

Преданность сама по себе является
конечной целью   168

Действие и мысль   171

Не становитесь рабами гнева   174

Энтузиазм — секрет успеха   178

Исцеление от чувства вины
за прошлые ошибки   181

Когда мы спешим, теряется красота   184

Учитесь вносить вклад в общество   188

Преодоление напряжения   192

Простая жизнь и самопожертвование
                                            195

Сопереживание и сострадание   199

Главное — правильное отношение   202

Путь к миру   205
Сохраняйте отношение новичка   209

Санатана Дхарма

Форма для достижения бесформенного

Дети, единственной причиной созидания, поддержания и разрушения Вселенной является Бог. С этим согласятся все, кто верят в Бога. Однако у верующих будут разные мнения и сомнения относительно истинной природы Бога: каковы настоящее имя и форма Бога? Каковы его качества?

По правде говоря, Бога нельзя ни понять с помощью интеллекта, ни объяснить простыми словами. Тем не менее, через духовные практики мы можем ощутить и постичь Бога. Этот опыт неописуем. Если младенец поранился, сможет ли он объяснить, что «ему настолько-то больно»? Или, когда он счастлив, сможет ли он объяснить, что «я настолько-то счастлив»?

Подобно тому как вода может принимать форму льда, жидкости или пара, Бог одновременно и обладает свойствами и не имеет их. Он проявляется как двойственность и как многогранная Вселенная.

У Бога нет определенного имени или формы, напротив, он подобен актеру, который появляется на сцене, играя различные роли. Таким образом, в соответствии с желанием преданного, Бог принимает разные состояния и формы, такие как Шива, Вишну и Деви. При нагревании шоколадная фигурка расплавится и станет бесформенной. Но, независимо от того, какую форму принимает шоколад, истинная природа шоколада всегда остается неизменной.

Для того чтобы осмыслить Бога и поклоняться Ему, легче всего представить Его как имеющего форму. Тот, кто хочет пить, должен сложить ладони «чашечкой» или использовать сосуд, чтобы набрать воду из реки. Человек, у которого есть длинная палка, может сбить манго с дерева, даже если он не в состоянии на него взобраться. Подобным же образом, представляя Бога, имеющего форму, и используя эту форму как наш инструмент, мы можем поклоняться и постигать Бога.

Однажды птица-мать полетела искать еду и каким-то образом повредила одно из крыльев. Птица не могла лететь, и ей стало очень грустно, потому что она не могла вернуться в свое гнездо на другом берегу реки. Беспокоясь о своих беспомощных птенцах, она сильно разволновалась. Именно в этот момент птица увидела плывущий к ней кусок льда. Без особого труда она запрыгнула на него. Затем попутный ветер подтолкнул лед к противоположному берегу, и птица смогла вернуться в свое гнездо.

Те из нас, кто терзаются трудностями, пытаясь познать Бога без формы и без каких-либо качеств, подобны той раненой птице, пытающейся добраться домой. Мы можем познать Бога, поклоняясь Ему как имеющему форму и другие качества. Вода в реке не имела формы, но, превратившись в твердый кусок льда, помогла беспомощной птице пересечь реку. Точно так же, чтобы высвободиться из океана *самсары,* поклонение Богу, обладающему формой и качествами, должно стать нашим постоянным спутником. Тогда попутный ветер божественной милости приведет нас к освобождению.

От преданности из страха к преданности из любви

Дети, некоторые люди задают вопрос: «В чем заключается важность *бхайя-бхакти* [преданности из страха] на пути преданного служения Богу? Не является ли это чем-то нездоровым?»

Нельзя сказать, что *бхайя-бхакти* — это нездоровое состояние. Хотя в полноте и совершенности преданности нет места страху, некоторая доля страха, несомненно, помогает росту новичка. Бог, который является единственным защитником Вселенной, также одаривает всех существ результатами их деяний. Господь защищает всех хороших людей и наказывает тех, кто творит зло. Человек, который осознает, что ему придется испытать на себе все последствия собственных дурных дел, будет чувствовать страх, смешанный с преданностью. Однако этот страх сделает его сильным, поскольку пробудит в нем умение различать между истинным и ложным. Это поможет ему перестать делать ошибки и позволит двигаться вперед по правильному пути.

Бхайя-бхакти — это не тот страх, который чувствует раб по отношению к своему хозяину. Скорее, это смесь страха и уважения, которые ученик испытывает перед своим учителем, или невинная любовь ребенка к матери. Вот такое у нас должно быть отношение к Богу.

Ребенок любит свою мать. Он искренне верит, что мама — его единственный защитник. Однако он знает, что если совершит ошибку, то его мама без колебаний накажет его. Поэтому, безусловно, в его любви к ней присутствует доля страха. Именно этот страх спасает его от множества несчастных случаев и ошибок. У ребенка много незрелых наклонностей и слабостей. Часто они побуждают его делать ошибки. Но из страха перед тем, что мать рассердится и накажет его, он не станет их совершать. Таким образом, страх перед матерью пробуждает в нем умение различать между истинным и ложным, и постепенно он набирается сил, чтобы двигаться по правильному пути. Но страх никогда не мешает ему чувствовать любовь матери. С другой стороны, он помогает ему расти.

В юном возрасте дети хорошо учатся, потому что боятся, что учитель их накажет, если они не будут заниматься. Этот страх помогает им преодолевать лень, работать с усердием и достигать успехов в учебе. К тому времени, когда они переходят в старшие классы, — этот страх исчезает. Но к этой поре они уже обретают достаточно навыков, чтобы различать между истинным и ложным, чтобы усердно продолжать учебу без него. Тогда необходимость в страхе отпадает. Они чувствуют только уважение и послушание по отношению к своим учителям. Подобное отношение к Богу есть и у большинства преданных.

По мере продвижения преданного по духовному пути *бхайя-бхакти* трансфор-мируется в преданность полную любви. В такой преданности нет ни капли страха. Благодаря любви к Богу даже наказание Господа воспринимается с радостью и счастьем. Глубина такой преданности уничтожит любую склонность совершать ошибки.

Истинный преданный подобен маленькому ребенку, отдыхающему на коленях любящей его матери. Он забывает обо всем на свете.

Поклонение образам Богов

Недавно кто-то меня спросил: «Вместо того чтобы поклоняться статуе Божества, не лучше ли почитать скульптора, сотворившего его?»

Дети, когда мы видим наш национальный флаг, разве наши мысли устремляются к портному, который его сшил? Нет. Кажется, никто не вспоминает о нем. В этот момент мы вспоминаем о нашей стране. Подобным же образом, когда мы видим статую Божества, мы должны думать не о скульпторе, а о принципе, который олицетворяет собой эта статуя: об Истинном Создателе — Создателе, сотворившем всю эту Вселенную.

Чтобы понять поклонение образам Богов, необходимо понимание принципов, стоящих за ним. На самом деле, у Бога нет определенного имени, формы или обители. Бог находится за пределами времени и пространства. Его природа — абсолютное блаженство. Он — истина, не имеющая ни формы, ни каких-либо свойств. Однако большинство людей не могут поклоняться вездесущей божественности Господа без помощи конкретного символа. В настоящее время наши умы привязаны к материальному миру и его разнообразным формам. Поклонение образу Бога помогает направить такие умы вовнутрь. Таким образом они постепенно начнут понимать божественность, которая является основой ума.

Если мы хотим ясно увидеть свое отражение в зеркале, то прежде всего нам надо стереть всю пыль и грязь с его поверхности. Подобным образом, для того чтобы увидеть нашу истинную природу в зеркале ума, нам необходимо сначала удалить все нечистоты, которые в нем скопились. Поклонение образу Бога постепенно очищает наш ум и помогает достичь более глубокого уровня концентрации. Вот почему древние мудрецы Санатана Дхармы подчеркивали необходимость храмов и поклонения статуям Богов.

Некоторые говорят, что практика поклонения изображению Бога указывает на незрелый ум. Можно сказать, что это является правдой только в случае, когда поклонение образу Бога полагается на неправильное представление о том, что Бог пребывает только в одном конкретном месте, в одной конкретной форме. Бог вездесущ. Бог — высшая причина всего сущего. Когда мы поклоняемся образу Бога с таким пониманием, богослужение не может быть незрелым; это правомерный способ Богореализации. Если мы поклоняемся образу Бога с эгоистичными молитвами — молитвами, направленными только на исполнение наших собственных эгоистичных желаний, тогда его можно назвать незрелым. Но самая незрелая форма поклонения образу Бога — это когда люди поклоняются образу Бога, в то же время унижая других людей.

Когда люди говорят: «Поклоняйтесь только Богу, не поклоняйтесь дьяволу», это на самом деле означает, что постижение Бога должно быть нашей единственной целью. «Дьявол» — это желание денег и статуса, которое идет вразрез с *дхармой*, и прочие проявления эгоизма. Это не означает поклонение Богу в различных формах. Поклонение образу Бога существует везде, где символы и образы используются для пробуждения памятования о Боге. Когда мы смотрим на это с такой точки зрения, становится ясно, что многие люди, критикующие поклонение образу Бога, на самом деле сами поклоняются образу Бога.

Хотя Бог вне пределов имени и форм, мы все равно можем поклоняться Богу в любой форме, какая нам нравится. В одном и том же доме отец может поклоняться Господу Шиве, мать — Господу Кришне, а сын — Деви. Вот почему это называется *Ишта-Деватам* — наше «любимое божество». Мы должны понимать принципы, лежащие в основе поклонения Богу в разнообразных формах. Ожерелье, браслет и серьги — всё это сделано из золота. Их общая основа — золото. Подобным образом, основа творения — это Бог. Мы должны видеть объединяющую основу этого, казалось бы, разнообразного мира. Независимо от формы нашего *Ишта-Деватам, будь она* Шивой, Вишну или Муругой, — мы должны прийти к осознанию этого единства. Мы должны понять, что все эти формы — всего лишь вариации Единого. Понимая, что разные люди принадлежат разным культурам, древние мудрецы принимали обращения к различным формам для поклонения Богу.

Через поклонение образу Бога, мы должны достичь широты взглядов, чтобы любить и уважать все формы жизни. Видя Бога в конкретной форме и молясь Ему, мы очищаем свой ум и поднимаем себя до уровня, где можем распознавать Бога во всем. Это конечная цель поклонения Богу через образ.

Многие великие души, такие как Шри Рамакришна Дева, Мирабай, Андал и Каннаппа Найянар, достигли просветления через поклонение образу Бога! Пусть мои дети тоже смогут пробудиться до этого уровня истины.

Духовность — бегство от действительности?

Дети, люди часто спрашивают, не является ли духовность просто бегством от жизни. Вы должны понять, что настоящая духовность никогда не может быть побегом от действительности. Бегство — это путь трусов. Духовность — путь отважных. Это наука, которая учит нас тому, как быть сильными в случае любого кризиса и всегда оставаться удовлетворенными и счастливыми. Духовность помогает нам глубже понимать жизнь и всегда сохранять правильное отношение к ней.

Духовность — это познание нашего Истинного Я. Это поиск того, кем мы являемся и в чем смысл жизни. Благодаря этому мы можем понять природу мира и его объектов.

В настоящее время мы верим, что счастье заключается в материальных объектах. Но если бы это было так, то почему мы не получаем удовлетворения, когда их приобретаем? Напротив, мы видим миллионера, который владеет самолетом, яхтой и особняком, но он все еще полон напряжения и печали.

Однажды, в одной деревне, в двух соседних хижинах жили две семьи. Глава одной из семей скопил деньги и построил хороший дом. Тогда его сосед начал волноваться: «У него уже есть дом, а я все еще живу в этой хижине». Итак, вскоре он начал изо всех сил экономить деньги. Он даже взял ссуду. Таким образом он стремился построить дом. Делая всё это, он мечтал, как однажды он будет счастливо жить в своем новом доме.

Когда строительство его дома наконец закончилось, он прыгал от радости. Он устроил пир для родственников и друзей и счастливо зажил в новом доме. Но через несколько месяцев этот человек впал в депрессию. Кто-то его спросил: «Что случилось?»

Он ответил: «Наш сосед установил в своем доме кондиционер и покрыл пол мрамором. Мой дом — помойка, по сравнению с его домом».

Дом, который когда-то приносил ему радость, теперь стал источником печали. Это доказывает, что счастье заключается не в материальных объектах. На самом деле ощущение счастья зависит от нашего ума. Когда ум успокоится, мы без проблем испытаем счастье.

Когда мы поймем секрет счастья, мы перестанем слепо гоняться за материальными объектами. Когда мы впитаем духовность, мы сможем видеть нашего ближнего как наше собственное Я. Мы будем делиться излишком денег с бедными и нуждающимися. Мы будем готовы любить других и служить им с открытым сердцем. Истинное духовное достижение заключается в обладании такой силой духа, которая позволит справиться с чем угодно, а также в милосердном служении миру.

Мир — это иллюзия?

Многие люди спрашивают Амму: «Почему этот мир называют *майей* — иллюзией?»

Дети, иллюзия — это то, что скрывает истину или уводит нас от истины. Мир называют иллюзией, потому что он может скрывать от нас истину — источник вечного умиротворения. Каков наш нынешний опыт? Мы верим, что различные материальные достижения, отношения и объекты дадут нам вечное умиротворение и счастье, и мы с энтузиазмом гоняемся за ними. На самом деле это стремление уводит нас от покоя. Это *майя* — иллюзия.

Во время сна мир сновидений для спящего очень реален. Но когда он просыпается, то понимает, что всё было ненастоящим. Точно так же, из-за отсутствия у нас духовного, понимания мы сейчас живем в мире, похожем на сновидения — в состоянии заблуждения. Только пробудившись от этого невежества, мы поймем, что такое Истина на самом деле.

Однажды очень бедный юноша сидел на берегу реки и ловил рыбу. Через некоторое время он увидел приближающегося слона, за которым шла большая толпа людей. Слон держал в хоботе цветочную гирлянду. Он остановился перед молодым человеком и надел гирлянду ему на шею. Толпа восторженно зааплодировала. Люди сказали, что это был ритуал выбора следующего короля. Тот, кого слон выбрал и украсил гирляндой, станет следующим царем. Вскоре юноша был коронован и женился на принцессе.

Однажды принцесса и юноша поднялись на лошадях на вершину горы возле дворца. Внезапно разразился сильный шторм. Лошади и всадники упали с горы. Принцесса и лошади разбились насмерть, но каким-то образом, падая, юноша смог ухватиться за ветку дерева и спастись. Он всё ещё был далеко от земли, но у него не оставалось выбора — ему пришлось отпустить ветку. Он закрыл глаза и упал.

Когда он снова их открыл, то не увидел больше ни горы, ни лошадей, ни принцессы.

Перед ним были только берег реки и удочка. Тогда он понял, что заснул, и все это было сном.

Каким бы реальным не казался этот сон, молодой человек нисколько не горевал о потере своей принцессы или своего дворца.

Сегодня, как и юноша из притчи, мы живем в мире грез, совершенно не имея представления о реальности. В этом мире снов большинство людей очень привязаны к успеху и прибыли и боятся неудач и потерь. Когда дела идут не в их пользу, они чувствуют, что всему их миру приходит конец! Такой мир, где успех равняется счастью, а неудача равняется горю, и есть сон, от которого нам нужно пробудиться. Это — *майя*. Существует только один источник истинного счастья, и это *атма* — наше Истинное Я. Нам нужно пробудиться до такого понимания. Тогда, что бы ни случилось в жизни, мы всегда будем находиться в состоянии полного покоя и блаженства.

Если же этот мир — *майя*, как же нам с ним взаимодействовать? Должны ли мы его отвергнуть? Конечно, нет. Нам необходимо относиться к этому миру и тем опытам, что он нам предоставляет, с *вивекой* — умением различать, что истинно, а что ложно. Тогда сам мир поможет направить нас к Истине. Если мы сможем так делать, то мы станем видеть во всем элемент добра. Убийца использует нож, чтобы убить, но врач использует нож, чтобы спасти жизни. Поэтому вместо того, чтобы отвергать мир, говоря, что это просто иллюзия, постарайтесь понять ценность и принципы, стоящие за всеми жизненными опытами. Позвольте этому пониманию направлять вас.

Те, кто понимают природу *майи*, являются настоящими защитниками мира. Они никогда не становятся жертвами иллюзии *майи*. Те, кто не понимают природу мира, не только разрушают себя, но и становятся бременем для других. Те, кто видит добро во всем, будут приведены к добру. Оттуда они осознают Истину.

Важность Гуру

Дети, некоторые люди спрашивают: «Если Бог и *Гуру* в конечном итоге внутри нас, зачем нужен внешний *Гуру*?» Это правда, что Бог и *Гуру* существуют внутри нас, но большинству из нас не хватает способностей познать внутреннего Бога или сонастроиться с руководством внутреннего *Гуру*. Крайне редко рождаются люди, которые обладают духовной предрасположенностью и способностями, приобретенными в предыдущих рождениях. Такие люди могут постичь духовную истину без помощи живого *Гуру*, но большинству людей *Гуру* нужен.

Садгуру действительно является Богом в человеческой форме. *Гуру* направляет ученика, скованного многими слабостями и пороками, с чрезвычайной добротой и терпением. *Гуру* дает необходимые инструкции, уроки и разъяснения, чтобы мы могли усвоить духовные принципы в их простейшей и чистейшей форме. Таким образом, место *Гуру* для ученика даже выше Бога.

Духовность — полная противоположность материализму. Поэтому, когда мы подходим к духовной жизни с нашим материалистическим мировоззрением, мы терпим поражение. Нам необходимо время, чтобы осознать это. Однако *Гуру*, с его бесконечным терпением, объясняет и показывает снова и снова, пока ученик не усвоит урок раз и навсегда. Если вы хотите выучить иностранный язык, лучше всего жить с носителем языка. *Гуру* — носитель языка духовности.

То, чему учат нас Священные Писания, очень тонко. Это тайна нашего истинного бытия, объясняющая, что это само существование, на котором покоится Вселенная. Порабощенные умом и бесчисленными слоями накопленных склонностей и предрасположенностей, мы не обладаем системой координат для постижения истины. Все, чему нас учит *Гуру*, прямо противоположно тому, чему мы когда-либо учились. Мы были приучены думать, что счастье приходит от внешних объектов, но *Гуру* говорит нам:

«Нет, счастье приходит только изнутри». Нам говорили стараться исполнять свои желания; *Гуру* говорит нам, что лучше их преодолевать. Нам говорили, что мы рождены и однажды умрем; *Гуру* говорит нам, что мы не рождались и мы бессмертны. Итак, по сути, работа *Гуру* — полностью изменить нас. *Гуру* можно сравнить со скульптором. Скульптор видит скрытую в камне скульптуру. По мере того, как он удаляет лишние части камня, скрытая прежде прекрасная форма постепенно проявляется. Таким же способом настоящий *Гуру* раскрывает истину, находящуюся в самом ученике. Когда ученик следует учениям *Гуру* и выполняет свои духовные практики, его невежество исчезает, и проявляется истина.

Когда дождь падает на вершину горы, вода стекает вниз. Такова и природа нашего ума. В один момент нам может показаться, что наш ум полностью возвышен и парит в высших сферах. Однако за считанные секунды он может погрузиться на дно. *Гуру* знает слабые стороны ума ученика и знает, как помочь ему преодолеть их. Несмотря на то что природа воды — стекать вниз, та же вода может стать паром и подняться вверх при наличии солнечного тепла. *Гуру* знает, что если пробудить осознанность в ученике, то ум ученика может подняться на более высокие уровни. В этом цель *Гуру*. К ней он постоянно стремится. Как только осознанность ученика и его внутренний *Гуру* полностью пробудятся, ему больше не потребуется помощь внешнего *Гуру*.

Любое слово, произнесенное таким пробужденным человеком, — *сатсанг*. Любое действие, совершаемое таким человеком, — молитва, медитация. Каждое дыхание, сделанное таким человеком, может принести миру только пользу.

Чтобы *Гуру* появился, сначала должно пробудиться ученичество. Человек должен быть готов обучаться. Готовность очень важна для получения любой формы знания. Что касается *Садгуру*, для него существует только одно: бессмертное единство. В конечном итоге он видит всё как единое чистое сознание. Для него нет ни *Гуру*, ни ученика, ни матери, ни ребенка — только вечное единство. Однако для нашей пользы *Гуру* опускается до нашего уровня. Стремление познать свою истинную сущность жизненно важно для ученика.

Как молиться

Дети, богослужение — это лучший способ установить прочные эмоциональные отношения с Богом и открыть ему свое сердце. Это мост, который соединяет индивидуальное Я с Высшим Я. Маленький ребенок приходит из школы, бросает грифельную доску и карандаш и бежит к матери. Он охотно рассказывает ей обо всем, что произошло в школе, об историях, которые рассказывал учитель, и о птицах, которых он видел по дороге домой. Точно так же молитва поможет нам установить сердечную связь с Богом. Когда мы делимся нашим бременем с Богом, это помогает нам облегчить его.

У нас должно быть отношение, что Бог — наше единственное утешение. Мы должны считать Бога нашим лучшим другом — другом, который всегда будет с нами, в любой ситуации и в любой опасности. Когда мы открываем свое сердце Богу, мы неосознанно поднимаемся на более высокие планы преданности.

Однако сегодня многие люди не понимают, как правильно использовать молитву. Многие думают, что молитва — это просто средство для удовлетворения своих мирских желаний. Любовь таких людей — не к Богу, а к материальным вещам. В современном мире люди даже молятся, чтобы другие попали в беду.

Настоящий верующий никогда не должен даже думать о причинении вреда другим. Наши молитвы должны быть такими: «О, Боже! Пусть я не совершу никаких ошибок! Пожалуйста, дай мне силы прощать чужие ошибки! Пожалуйста, прости мои ошибки и благослови всех в мироздании!» Когда мы молимся подобным образом, мы становимся умиротворенными. Вибрации таких молитв очищают атмосферу. Когда окружающая нас среда становится чистой, это также оказывает благоприятное влияние на нашу жизнь.

Молитва на благо мира — это высшая форма молитвы. То, что нужно — это молитвы, абсолютно лишенные эгоистичных желаний. Когда мы срываем цветы, чтобы предложить их Богу, мы первыми наслаждаемся их красотой и ароматом, хотя это и не входило в наши планы. Когда мы молимся о благе мира, наши сердца широко раскрываются. Более того, эти молитвы помогают и всему миру.

Подобно тому, как тает свеча, чтобы дать свет другим, истинный верующий готов пожертвовать собой, чтобы помочь другим. Его цель — развить ум, который дарит счастье другим, забывая о собственных страданиях. Таким людям не нужно блуждать в поисках Бога, Бог сам будет искать их. Бог будет рядом с ними, подобно слуге.

Реинкарнация

Многие спрашивают правда ли, что перерождение существует на самом деле? Если существует это рождение, то почему перерождение не может быть реальным? Неверно думать, что жизнь можно измерить только при помощи разума. Жизнь — это сочетание логики и мистерии.

Мы должны полагать, что мы жили раньше и будем жить в будущем, потому что мы живем сейчас. Все во Вселенной циклично. Мы можем наблюдать эту закономерность в смене времен года, вращении Земли вокруг Солнца, вращении планет и так далее. Поэтому не будет ошибкой предположить, что рождение и смерть также цикличны.

Однажды пара близнецов разговаривала в утробе матери. Сестра сказала брату: «Я верю, что за пределами этого места есть жизнь».

Брат не согласился. «Не может быть. Нет никакого другого мира за пределами того, который мы сейчас видим и ощущаем. Наш мир темный и уютный. Мы получаем всё, что нам необходимо, через пуповину. Мы не должны терять с ним связь. Больше нам ничего не надо делать».

Сестра сказала: «Я твердо верю, что за пределами этого темного мира есть огромный мир, полный жизни». Брат не мог согласиться с этими доводами даже на минутку.

Сестра снова сказала: «Я должна тебе сказать еще кое-что. Возможно, тебе трудно будет в это поверить, но я думаю, что у нас есть мать, которая нас родит».

«*Мать*? Что за глупости ты говоришь? Ни ты, ни я никогда не видели эту «маму». Я никогда не поверю, что мать, которую мы никогда не встречали, существует», — возразил брат.

Сестра сказала: «В определенные моменты тишины и покоя я слышу, как эта мать поет. Тогда я чувствую любовь и нежность нашей матери, окутывающие и ласкающие нас».

Святые и мудрецы, познавшие Истину, первыми принесли миру знание о перерождении. Мы не полностью ощущаем результаты хороших и плохих поступков, совершаемых нами в этой жизни. Мы испытаем их в следующих рождениях. Причина перерождения заключается в том, что мы должны пожать плоды своих действий.

В момент смерти в существе, которое покидает тело, будут присутствовать хорошие и плохие наклонности. Без физического тела это существо не может действовать в соответствии со своими скрытыми наклонностями. И потому после смерти жизнь снова вселяется в подходящее ей тело.

Если мы не можем вспомнить текст песни, которую выучили в детстве, можем ли мы сказать, что никогда ее не учили? Точно так же, если мы не можем вспомнить события и опыты прошлой жизни, мы не можем говорить о том, что предыдущей жизни не было. Возможно, обычные люди не могут вспомнить свои предыдущие жизни, но, когда ум станет более тонко чувствующим благодаря медитации, мы сможем узнать наши прошлые жизни.

Является ли Бог пристрастным?

Некоторые дети спрашивают Амму, правда ли, что Бог не любит грешников и любит праведных. На самом деле Бог непристрастен. Бог видит всех одинаково. Солнце одинаково светит всем существам, обладают они разумом или нет. Сказать «Бог не любит меня» — все равно что закрыть двери и окна в комнате и жаловаться на отсутствие солнечного света. Река дает одну и ту же воду как сандаловому дереву, так и индийскому коралловому дереву, растущим на ее берегу. Реку нельзя винить в том, что сандаловое дерево благоухает, а коралловое дерево колючее. Так же и Бог изливает благодать на всех одинаково, но мы можем впитать эту благодать только в соответствии с природой нашего ума.

Большинство людей молятся Богу, потому что чего-то хотят. Пока гробовщик молится: «Господи! Пусть кто-нибудь умрет сегодня, чтобы я смог продать хотя бы один гроб», жена и ребенок больного человека молятся, чтобы их муж и отец скорее выздоровел. Какую из этих молитв Бог должен принять? Каждого настигнут результаты их собственных действий. Нет смысла обвинять в этом Бога. Бог распределяет результаты *кармы каждого*, но Он никогда не отдает кому-то предпочтение.

Каковы наши действия — таковы и плоды. Если мы совершаем добрые дела, то мы будем наслаждаться счастьем. Если наши поступки плохи, нам придется испытать горе. Это правило одинаково для всех. Однако некоторые люди живут с отношением «это не я совершаю действия». Они преподносят все действия Богу и выполняют свою *карму*. В них будет относительно меньше эгоизма и себялюбия. Такие люди смогут получить больше Божьей милости.

Солнце хорошо отражается в чистой воде, но плохо отражается в воде поросшей типой. Так же и уму, покрытому высокомерием, эгоизмом и прочей грязью, сложно почувствовать Божью благодать. Для этого сердце человека должно быть чистым и наполненным сочувствием к чужим страданиям. Людям с таким сердцем не нужно ничего делать, чтобы на них снизошла Божья милость.

Амма вспоминает одно происшествие. Многие люди приезжали в *ашрам*, чтобы увидеть и получить благословение живущего там *махатмы*. Однажды, когда он принимал посетителей, маленького ребенка внезапно вырвало на пол. Запах был невыносимым. Одни люди закрывали носы, а другие обходили месиво стороной. Некоторые прокомментировали то, насколько в ашраме было грязно, и покинули это место. Другие жаловались: «*Гуру*, там ребенка вырвало. Там действительно плохо пахнет. Скажите кому-нибудь, чтобы помыли пол».

Услышав все это, *махатма* встал и сам пошел мыть пол. Но когда он приблизился к тому месту, то увидел, как маленький мальчик убирает рвоту и моет пол водой с мылом. Хотя там было много народу, лишь один маленький мальчик додумался это сделать. Все остальные только жаловались. Бескорыстие маленького мальчика и его готовность радостно сделать что-то хорошее для других привлекли *махатму*. Сердце *махатмы* растаяло. Он почувствовал сострадание и любовь к мальчику. Он подумал: «Если бы в мире было больше таких людей, как этот мальчик, то мир стал бы раем».

В глазах *махатмы* все были равны. Тем не менее, он испытывал к этому мальчику особое сострадание. Отношение мальчика к мытью пола с той же готовностью, как если бы он смывал грязь со своего собственного тела, сделало его достойным сосудом для милости *Гуру*. Божественная милость также подобна этому. Бог постоянно изливает на всех Свою благодать. Если вырыть яму на берегу реки, в нее потечет вода. Точно так же Божественная милость прольется в сердце, обладающее бескорыстием, состраданием и добротой.

Бог беспристрастен. Он не делает различий, относится ко всем одинаково и не имеет привязанностей. Мы должны очистить свои действия и отношение, и твердо верить в волю Божью. Если у нас это будет, то мы непременно получим Божественную милость. Мы сможем сохранять мир и удовлетворение и в счастье, и в горе, в выигрыше, и в проигрыше, в успехе и неудаче.

Суть духовности

Смерть — это не конец

Дети, желание выжить и страх смерти — естественны. Люди боятся смерти, потому что со смертью мы теряем все, что мы с таким трудом накопили. Мы можем преодолеть этот страх, но для этого мы должны научиться смотреть в лицо смерти, пока мы живы.

Два пациента лежали на смертном одре в больнице. Одним из них был писатель с мировым именем. Другим — 12-летняя девочка. Врачи изо всех сил пытались спасти писателю жизнь, ни один из методов лечения не помогал. Физические и душевные страдания отразились на его лице. Он начал причитать: «Что будет со мной? Я не вижу ничего, кроме тьмы!» В последние мгновения жизни страх и одиночество поглотили его.

Состояние маленькой девочки было совершенно другим. Она тоже знала, что смерть приближается к ней. Тем не менее, она продолжала оставаться очень веселой. Ее маленькое лицо сияло улыбкой. Доктора и медсестры были удивлены. Думая о страданиях писателя, они спросили маленькую девочку: «Детка, ты улыбаешься так, будто совершенно не осознаешь, что умираешь. Ты не боишься смерти?» Она невинно ответила: «Почему я должна бояться смерти, если мой любимый Бог все время находится рядом со мной? Я слышу, как Он зовет меня: «Дитя мое, иди ко мне». Когда она скончалась несколько дней спустя, на ее крошечных губках была улыбка.

Писатель, возможно, снискал себе имя и славу, но, когда за ним пришла смерть, он был полностью раздавлен. Маленькая девочка же установила любящие отношения с Богом. Она твердо верила, что в Его руках она в полной безопасности. Поэтому у нее совсем не было страха смерти. Если мы хотим бесстрашно с улыбкой встретить смерть, то должны либо иметь невинную веру этой девочки, либо думать: «Я не тело, я — Высшее Я. Оно никогда не умирает».

Вот история из Упанишад. Уддалака был великим мудрецом. У него был сын по имени Светакету. В 24 года, после многих лет обучения в обители своего *Гуру*, Светакету вернулся домой. Он думал, что теперь он овладел абсолютно всем на свете. Уддалака сразу почувствовал ложную гордость своего сына и захотел исправить его.

Однажды он позвал Светакету и сказал:

— Сынок, я думаю, ты чувствуешь, что овладел всеми формами знания на этой земле, но научился ли ты знанию, благодаря которому то, что не услышано, будет услышано, что не понято — понято, а неизвестное станет известным?

— Что это за знание, отец? — спросил Светакету.

Его отец ответил:

— Как по одному куску глины познается все, что состоит из глины, дитя мое, так и овладевший этим знанием, знает все.

— Возможно, мои почитаемые учителя не владели этим знанием. Иначе они бы передали его мне. Отец, не мог бы ты просветить меня?

— Да будет так, — сказал Уддалака. — Принеси мне плод с вон того баньянового дерева.

— Вот он, отец.

— Разрежь его.

— Сделано.

— Что ты там видишь?

— Несколько семян, отец, они очень мелкие.

— Разрежь одно из них.

— Оно разрезано, отец.

— Что ты там видишь?

— Совсем ничего.

Уддалака сказал:

— Сын мой, из той тончайшей сущности, которую ты не можешь воспринять, выросло это огромное баньяновое дерево. То, что является тонкой сутью, является основой всего сущего. Дорогой мальчик, эта тончайшая эссенция — душа всей Вселенной. И ты являешься этим, о Светакету.

Все возникает из этой так называемой пустоты. Поистине, она — тайна жизни. Однажды, когда дерево или что-либо другое исчезнет, ты не будешь знать, куда оно делось. Так происходит со всеми живыми существами. Мы появляемся из бесконечного ничто. По правде говоря, даже пока мы живем в этом мире, мы — ничто. В конце концов, мы снова исчезаем в том море пустоты. Однако это ничто — не пустота, а чистое неделимое сознание, то, что священные писания называют *сат-чит-ананда* — чистым существованием, чистым сознанием, чистым блаженством.

В действительности мы выходим из этой целостности сознания и возвращаемся к той же целостности. Вот почему великие учителя говорят, что смерть, если смотреть на нее позитивно, может быть прекрасным и преобразующим опытом. Когда мы смотрим на смерть с точки зрения нашего маленького ограниченного мира, она вызывает сильный страх. И наоборот, когда мы рассматриваем ее с точки зрения целостности, она освобождает нас от всех страхов, мучений и тревог. Это выводит нас за пределы всех ограничений.

На самом деле смерть — это не конец жизни. Мы заканчиваем каждое предложение точкой. Мы делаем это для того, чтобы мы смогли написать следующее предложение. Смерть подобна этой точке. Смерть для рожденных и рождение для умерших предопределены. Смерть — это просто продолжение жизни. Если мы верим в Бога и знаем истину, мы определенно сможем победить смерть и страх смерти.

Высшее блаженство здесь и сейчас

Дети, священные писания говорят, что высшая цель человеческой жизни — освобождение. Это не наслаждение райским комфортом и не вознесение в обитель любимого божества после смерти. Освобождение — это высшее блаженство здесь и сейчас. Это свобода от всех форм интеллектуального и эмоционального рабства — состояние, в котором исчезают все печали, и вы чувствуете покой независимо от обстоятельств.

Неправильно думать, что освобождение — это что-то, чего человек достигает после смерти. Освобождение должно быть пережито при жизни в этом мире. Именно здесь оно больше всего необходимо. Живя в этом мире, прсбывал в хаосе и неразберихе различных ситуаций — физических, эмоциональных и интеллектуальных, — мы должны получить это прекрасное переживание абсолютной независимости. Этот опыт заключается не в бегстве и отказе от жизни. Наоборот, он заключается в том, чтобы жить полной жизнью, принимая все, что она посылает на нашем пути. Радуга наполняет нас ощущением красоты и радости только тогда, когда мы одинаково принимаем все ее цвета. Точно так же увлекательность и красота жизни заключаются в том, чтобы видеть ее единство во всех противоречиях и сквозь них. Увидьте это единство повсюду, а затем действуйте в этом мире. Таким образом, духовность не отрицает, а утверждает жизнь.

Жизнь полна противоположностей. Мы не можем представить себе мир без комфорта и лишений, рождения и смерти, света и тьмы. Печаль возникает, когда мы принимаем только один аспект жизни и отвергаем другой. Мы хотим всегда быть здоровыми, но не хотим никогда не болеть. Мы принимаем жизнь, но отвергаем смерть. Мы ценим и приветствуем успех, но отвергаем неудачи. Жизнь не может существовать без опыта двойственности.

Принятие жизни во всей ее полноте, видение в двойственности разных аспектов одного и того же жизненного явления — единого и единственного сознания — вот вершина духовной реализации. Только тогда мы освободимся ото всех печалей и сможем чувствовать беспрерывное счастье во всех ситуациях. Если мы поймем, что комфорт и лишения являются самим естеством жизни, мы сможем принимать их беспристрастно.

В одной деревне в хижине жил *санньяси*. Люди уважали его за чистый и простой образ жизни. Вдруг незамужняя дочь бизнесмена из этой деревни забеременела. Сначала она не признавалась, кто отец ребенка. Однако родственники стали допытываться, и в конце концов она сказала, что это был *санньяси*. Отругав *санньяси*, отец девушки сказал: «Поскольку ты испортил репутацию моей дочери, ты должен воспитывать ребенка». Без малейшего признака гнева или смущения *санньяси* ответил: «Да будет так».

Как только девушка родила, отец передал ребенка *санньяси*. Теперь жители деревни ненавидели монаха и постоянно его оскорбляли, но он никогда не воспринимал это всерьез. Он просто с любовью воспитывал ребёнка. Спустя год девушка раскаялась. Она пришла к отцу и призналась, что на самом деле отцом был не *санньяси*, а соседский юноша. Бизнесмен немедленно извинился перед монахом. «Пожалуйста, простите меня за то, что я усомнился и оскорбил вас. Мы заберем ребенка».

«Да будет так», — сказал *санньяси*.

Наша истинная природа — единственный источник покоя, который не может разрушить ни одна проблема в этом мире. Те, кто осознали эту истину, понимают, что нет ничего отдельного от них. Видя высшее сознание во всех живых и неживых существах, они любят всех и служат всем. Они беспристрастно принимают любые обстоятельства.

Жизнь и любовь — они не два, они — одно. Без любви нет жизни, и наоборот. Этот фундаментальный принцип, воплощенный в действие, и есть духовность. Это истинная самореализация или освобождение. Во всех уголках мира люди говорят: «Я люблю тебя». Кажется, что «любовь» оказалась взаперти между понятиями, между «я» и «ты». Духовные практики постепенно помогают нам осознать: «я есть любовь», что является абсолютной истиной.

Чтобы достичь такого состояния, мы должны понимать духовность и прилагать осознанные усилия. Духовность — это понимание природы ума. Это наука, которая учит нас, как испытывать радость и удовлетворение, не беспокоясь и не увлекаясь жизненными взлетами и падениями. Это самое главное в жизни.

Религия и духовность

Каждая вера имеет два аспекта: религиозный и духовный. Религия — это ее внешняя оболочка, духовность — внутренняя суть. Духовность означает пробуждение к своей истинной природе. Те, кто прилагает усилия, чтобы познать свое Истинное Я, являются настоящими преданными. Какой бы ни была наша вера, если мы понимаем основные духовные принципы и применяем их на практике, то сможем достичь высшей цели — единения с Богом. Однако, если мы не смогли усвоить духовные принципы, религия станет слепой верой, связывающей нас.

Единство сердец — вот что приведет к согласию религий. Если это единство отсутствует, человечество не сможет собраться вместе и работать как одна команда для общего блага. Мы только отдалимся друг от друга; наши усилия будут разрозненными, а их результаты — неполными.

Религия — это указатель, подобный дорожному знаку. Цель — духовный опыт.

Например, указывая на дерево, человек говорит: «Посмотрите на это дерево. Вы видите плод, свисающий с ветки? Если вы съедите его, то обретете бессмертие!» Если кто-то скажет нам такое, мы должны залезть на дерево, сорвать плод и съесть его. Если вместо этого мы будем держаться за палец того человека, то никогда не сможем насладиться плодом. То же самое происходит, когда люди цепляются за строки Священных Писаний вместо того, чтобы схватывать, впитывать и применять на практике принципы, на которые они указывают.

Просто читать религиозные тексты, не пытаясь впитать их принципы, все равно что сидеть в лодке, но никогда не воспользоваться ею, чтобы переправиться на другой берег. Как и лодка, Священные Писания   средство, а не самоцель.

Из-за нашего невежества и ограниченного понимания мы заключаем *махатм* в маленькие клетки религии. Слова *риши* и *махатм* — являются ключами, открывающими сокровища Истинного Я. Однако из-за недопонимания мы используем эти самые ключи только для того, чтобы спорить друг с другом. Таким образом мы только еще больше раздуваем свое эго и загоняем себя в тюрьму. Если так будет продолжаться, взаимопонимание и межрелигиозное сотрудничество навсегда останутся далекой мечтой.

Однажды известный художник написал портрет очаровательной молодой женщины. Каждый, кто видел картину, влюблялся в нее. Некоторые спрашивали художника, была ли эта женщина его возлюбленной. Когда он отвечал «нет», каждый непреклонно настаивал на женитьбе на ней, не позволяя никому другому сделать это. Они требовали: «Мы хотим знать, где найти эту прекрасную даму».

Художник сказал им: «Мне очень жаль, но на самом деле я ее никогда не видел. У нее нет национальности, религии или языка. То, что вы видите в ней, не является красотой реального человека. Я просто создал глаза, нос и форму той красоты, которую увидел внутри себя».

Но никто из этих людей не поверил художнику. Они гневно обвиняли его во лжи: «Ты просто хочешь сделать ее своей!»

Художник спокойно отвечал им: «Нет, пожалуйста, не воспринимайте эту картину поверхностно. Даже если вы будете искать по всему миру, вы не найдете ее, так как она — квинтэссенция всей красоты».

Тем не менее, не слушая слов художника, люди полностью потеряли рассудок, увлекшись красками и картиной. В своем горячем желании обладать прекрасной женщиной они ссорились, дрались друг с другом и, в конце концов, все погибли.

То же самое происходит и с нами. Сегодня мы ищем Бога, обитающего только на картинах и в словах Священных Писаний. В этом поиске мы сбились с пути.

В то время как *махатмы* придают большое значение духовным ценностям, их последователи придают большее значение институтам. В результате сами религии, призванные создавать мир и спокойствие, соединяя людей мира нитью любви, стали причинами войн и конфликтов. *Махатмы* — это воплощенная духовность. Их бескорыстная жизнь является примером истинной религии. Таким образом, кратчайший путь к пониманию духовности и ее практики — это наблюдение за махатмами.

Сила всех религий в духовности. Духовность — это цемент, укрепляющий здание общества. Жить так называемой религиозной жизнью без усвоения духовности все равно что построить башню, просто нагромоздив кирпичи без цемента. Она легко рассыплется. Религия без духовности безжизненна, как внутренний орган, отрезанный от кровеносной системы.

Творец и творение

Дети, Творец и творение — не два, а одно — так говорит Санатана Дхарма. Какова причина этого? Потому что ничто не отделено от Создателя, и поэтому Творец и творение — одно и то же.

В Священных Писаниях приводится много примеров, показывающих отношения между Творцом и творением. Хотя золотые украшения бывают разных форм и размеров, на самом деле это всё то же золото. Сколько бы волн ни было в море, ни одна из них не отделена от океана. Точно так же Бог и вселенная не разделены, они — одно целое.

Танец рождается благодаря танцору. Перед танцем, во время танца и после танца существует только танцор. Точно так же до творения, во время творения, а также после завершения творения существует только Бог. Все есть Бог. Существует только Бог. Санатана Дхарма учит нас, что нет ничего, кроме Бога.

Царь попросил всех художников в своем царстве написать картины, которые отражали бы истинную красоту Гималаев. Многие художники приняли участие. Все они создали необычайно красивые образы. Царь и его министр решили выбрать лучшего. Казалось, каждая картина была прекраснее предыдущей. Наконец они дошли до последней. Художник открыл свой холст. Это была самая красивая гора Гималаев. Ощущение было такое, будто находишься рядом с настоящими Гималаями. И вдруг, на удивление всем, художник начал взбираться на гору на своей картине. На глазах у царя и его свиты художник поднялся на высочайшую вершину и совсем растворился в картине.

Бог похож на художника в этой истории. В своем создании вселенной Бог вездесущ. При этом он кажется невидимым. Поскольку мы не можем постичь Бога своими пятью чувствами и умом, Он остается скрытым от нас. И все же раз Бог — наше Истинное Я, мы можем познать Бога. Поэтому, когда мы осознаем Бога внутри себя, мы сможем постичь истину о том, что Бог и Вселенная — одно.

Бог — не личность, сидящая на золотом троне на небесах. Бог — всепроникающая божественная природа всех вещей. Если наш собственный палец нечаянно ткнул нас в глаз, мы прощаем этот палец и успокаиваем глаз. Мы делаем это, потому что палец и глаз неотделимы от нас. Точно так же наша *дхарма* — любить и служить даже самой маленькой форме жизни с осознанием того, что Бог пребывает во всём. Это величайшее поклонение Богу.

Суть всех религий

Дети, Бог живет у нас в сердце. Истинная природа Бога и наша собственная истинная природа — это одно и то же. Религии учат нас тому, что Бог создал людей по своему образу и подобию. Слушая это, многие из нас могут задаться вопросом, почему в таком случае мы не можем почувствовать присутствие Бога и испытать истинное счастье. Это правда, что природа Бога тождественна с нашей собственной. Однако из-за нашего невежества и эгоизма Бог, наша истинная природа, стал скрытым от нас, мы не в состоянии ощутить его. И вместо этого мы испытываем лишь печаль и душевное смятение.

В действительности все религии указывают нам путь к настоящему блаженству. Однако большинству из нас не удается понять истинное учение религии. Мы зациклились исключительно на внешних ритуалах и обычаях. Представьте себе десятки сосудов, наполненных медом. Если мы не сможем посмотреть поверх различных цветов и форм сосудов, то как мы сможем когда-нибудь узнать сладость меда? Таково наше нынешнее состояние. Вместо того чтобы понять суть учения нашей религии, мы просто сидим, одурманенные ее поверхностными аспектами.

Однажды мужчина решил грандиозно отпраздновать свое 50-летие. Он распечатал приглашения на красивой дорогой бумаге. Весь дом был наряжен и украшен. Он даже купил новую люстру и повесил ее посреди своего банкетного зала. Он разукрасил не только дом, но и прилегающую территорию. Он купил дорогую одежду, кольцо с бриллиантом и золотую цепь, а также нанял известного повара, чтобы тот устроил изысканный пир.

И наконец настал тот день. Ко времени прихода гостей он надел новую одежду, кольцо и цепочку и сел в ожидании в банкетном зале. Всё было готово к празднику, и нарядные официанты стояли рядом. Но никто не пришел. Время шло, и он всё больше волновался. «Где все?» И в этот момент он заметил пачку приглашений, лежащих на столе. Украшая дом и территорию, он просто забыл отправить их по почте. Мы очень похожи на этого человека. Озабоченные своими повседневными хлопотами, мы забываем о самой важной цели жизни. И потому не можем испытать истинный покой и удовлетворение.

Те, кто погружен в поверхностные аспекты религии, часто упускают из виду ее суть. Им не удается почувствовать присутствие Бога внутри. Садовник, подстригающий газон, видит перед собой лишь траву, а аюрведический травник узнает в ней лекарственные растения. Мы должны стать подобны травникам, осознать и усвоить настоящие ценности, лежащие в основе нашей религии, — ее основополагающие принципы. Дети, постарайтесь понять внутреннюю суть вашей религии и узнать настоящие принципы, лежащие в основе ее ритуалов и празднеств. Только так вы сможете ощутить присутствие Бога внутри себя.

Любить себя

Дети, мы живем во времена, когда люди ненавидят не только других людей, но и самих себя. Вот почему мы наблюдаем рост самоубийств и привычек, разрушающих психику. Все религии, духовные лидеры и психиатры подчеркивают важность не только любви к другим, но и к самим себе.

Люди обычно считают, что «любить себя» означает любить свое физическое тело. Многие из нас тратят уйму времени и денег, пытаясь сохранить свою физическую красоту и здоровье. Проснувшись, многие люди часами проводят перед зеркалом. Они ходят в салоны красоты и спортзалы. Они тратят много денег и времени на подобные вещи. Некоторые пытаются отбелить свою смуглую кожу или покрыть загаром светлую кожу. Некоторые красят свои седые волосы в черный цвет. Другие красят свои черные волосы в красный или даже зеленый. Несмотря на то что базовый уход за своим телом и здоровьем очень важен, многие из этих вещей чрезмерны. И думает ли кто-то о драгоценном времени, которое они тратят напрасно? К сожалению, кажется, что никто не стремится совершенствовать свое сердце и ум.

В многоэтажном универмаге не хватало лифтов. Поэтому покупателям приходилось подолгу их ждать. Устав ждать, некоторые клиенты начинали жаловаться и возмущаться. Управляющий понимал, что, если проблему не решить быстро, это может сказаться на бизнесе. Он попытался найти решение. В конце концов у него появилась идея. Он развесил несколько зеркал вокруг места, где люди ждали лифт. Он также повесил зеркала внутри лифтов. Как только он это сделал, все жалобы прекратились. Никто не замечал, как проходит время ожидания, потому что теперь все были поглощены тем, что смотрелись в зеркала, расчесывали волосы и наносили макияж. Они продолжали делать это даже в лифтах.

Так же как мы очищаем и украшаем свое тело, мы должны очищать и свой ум. Как это сделать? Быстро устранять любые негативные и вредные мысли и эмоции, как только они возникают. Таким же образом мы должны тренировать свой интеллект, чтобы мыслить с пониманием, что истинно, а что ложно. Для этого нам следует получать духовные знания, слушая *сатсанги* и проводя время с *махатмами* и другими духовно настроенными людьми. Истинное значение выражения «любить себя» — значит позволить божественному внутри нас засиять вовне.

Семейная жизнь

Не прячьте свою любовь внутри себя

Дети, многие женщины говорят мне: «Когда я делюсь с мужем, о чем болит мое сердце, он никогда не скажет мне ни слова утешения. Он даже не проявляет ко мне ни капли любви». Если спросить об этом их мужей, они возразят: «Это не так. Я очень ее люблю, но она только и делает, что жалуется». Таким образом, хотя они оба любят друг друга, ни один из них не получает пользы от этой любви. Они становятся похожими на двух людей, живущих на берегу реки и умирающих от жажды.

На самом деле любовь есть в каждом. Но невысказанная любовь подобна меду, заточенному в скале. Мы не сможем почувствовать его сладость.

Не держите свою любовь взаперти внутри ваших сердец. Нам следует выражать ее вовне словами и действиями. Мы должны любить друг друга с открытыми сердцами. Нам нужно научиться делиться своей любовью.

Однажды монах посетил тюрьму. Там он завязал дружбу с заключенными. Среди них был юноша. Монах положил руку юноше на плече и нежно погладил его по спине. Он спросил его: «Мой мальчик, почему ты здесь оказался?»

С текущими по лицу слезами, юноша сказал: «Если бы в детстве у меня был кто-то, кто с любовью положил бы руку мне на плече и по-доброму поговорил со мной, я никогда бы не оказался в этой тюрьме».

Чрезвычайно важно проявлять любовь к детям, особенно в раннем возрасте. С самого детства мы должны научить их принимать и делиться друг с другом любовью.

Любовь не следует прятать в сердце. Она для того, чтобы делиться ею своими словами, взглядами и действиями. Любовь — единственное богатство, которое делает человека счастливее, когда он больше отдает, чем получает. Это богатство, которым мы обладаем, но не видим его.

Поэтому давайте разбудим любовь, живущую в нас. Давайте проявлять ее к миру всеми нашими действиями, словами и жестами. Давайте не будем ограничивать любовь стенами религии, веры или касты. Позвольте ей свободно течь повсюду. Пусть наши сердца обнимут друг друга, пробудятся и разделят блаженство любви, живущее в нас. Пусть любовь обнимет всё сущее и течет. Тогда наши жизни станут благословенными и божественными.

Культура в образовании

Дети, в старину в нашей стране осознание духовных принципов считалось важнейшим аспектом жизни. Однако сегодня материальные знания считаются важнее духовных. Нет смысла пытаться повернуть время вспять. Такие усилия приведут только к разочарованию. Сейчас важно научиться двигаться вперед, не позволяя разрушать то хорошее, что осталось от нашей культуры.

Когда-то давно детей отдавали в школу только с пятилетнего возраста. Сегодня мы отправляем детей в детские сады, когда им всего два с половиной года. Пока детям не исполнится пять лет, мы должны показывать им только любовь. Мы не должны ни в коем случае препятствовать их свободе. Они должны играть, как хотят. Все, что нам нужно делать, это следить за их безопасностью — защищать их от огня или смотреть, чтобы они не упали в воду. Как бы они ни шалили, мы должны проявлять к ним только любовь. Даже когда мы указываем на их проступки, мы должны делать это с большой любовью. Так же как в течение девяти месяцев они находились под защитой в утробе матери, первые пять лет после своего рождения они тоже должны оставаться защищенными в другом чреве — лоне любви. Но сегодня ситуация обстоит иначе.

Во имя образования мы возлагаем на наших детей гораздо больший груз, чем они способны нести . В то время, когда они должны играть со своими друзьями, мы запираем наших детей в классных комнатах, как птиц в клетках. Более того, если дети не занимают первое место, начиная с младшей группы детского сада, родители начинают испытывают стресс. В результате родители еще больше давят на своих детей. .

Дети живут в мире абсолютной невинности. Они растут, рассказывая истории цветам и бабочкам. Глядя на их мир, мы испытываем такое ощущение чуда!

Их естественное состояние — быть счастливыми и дарить счастье другим. Но вместо того, чтобы проникнуться невинностью своих детей, родители тянут их в свой собственный мир — мир конкуренции и разочарований.

Однажды двое соседских детей играли, и один из них во время игры немного ушиб руки. Увидев это, его мать отругала мать второго ребенка. Когда спор вышел из-под контроля, мужья и соседи начали вставать на одну или другую сторону. Дело обострилось. В разгар событий кто-то решил отыскать детей. Когда их нашли, то увидели, что они счастливо играют вместе, совершенно забыв о своей драке.

В наши дни родители не находят времени, чтобы объяснить своим детям цель жизни или помочь им научиться такому образу жизни, который приведет их к этой цели. Кажется, никто не находит времени для распознавания врожденных интересов своего ребенка, поощрения и развития его скрытых талантов. Здоровая конкуренция в школе помогает детям улучшить учебу и раскрыть их потенциал, но уровень конкуренции, который мы наблюдаем сегодня, приводит только к стрессу. Если они не оправдают своих ожиданий при сдаче экзаменов, они становятся психически подавленными, и всю дальнейшую жизнь они сталкиваются с разочарованием.

Дети, мы должны задуматься о цели образования. Это правда, что современное образование позволяет получить ученую степень и найти хорошо оплачиваемую работу. Но приносит ли это нам продолжительный душевный покой? Если мы не хотим прививать детям культурные ценности вместе с современным образованием, то будем растить Раванов, а не Рам. Осознание культурных ценностей — основа мира и счастья в нашей жизни. Только через духовность мы сможем обрести настоящую культуру и высшую мудрость.

Воспитание детей в современном мире

Дети, в настоящее время мы видим рост политической коррупции, упадок ценностей и жестокое обращение с женщинами. В чем причина? Мир, в котором мы живем, стал похож на супермаркет: всё и вся доступны абсолютно всем и каждому. Таким образом, огромное количество вещей привлекают наш ум через множество каналов: интернет, мобильные телефоны и так далее. Чтобы в наше время сохранить равновесие, нам необходимо создать прочный фундамент, основанный на *дхарме* и ценностях. Приучение ума к такой дисциплине должно начинаться с детства.

Воспитывать детей — не значит просто ругать их и наказывать. Мы должны направлять их умы в сторону добра. Необходимо показывать им правильный путь, а когда они делают что-то хорошее, нам надо поддерживать их в этом. Мы не должны перегружать их учебой. Им нужно предоставить достаточно свободы, чтобы они могли развивать свое воображение, независимое мышление и изучать свои эмоции. Наряду с этим мы должны показывать им, что правильно, а что неправильно, что такое *дхарма* и что такое *адхарма*. Тому, чему нельзя научить при помощи брани и советов, можно научить поощряя и показывая пример разумного поведения.

У одного мальчика была привычка выбрасывать много еды. Его отец с большой любовью пытался объяснить ему, что это неправильно. Он даже строго ругал сына. Но ничего не помогало. Наконец, он решил показать ему видео. В начале видео две девушки в ресторане ели курицу. Во время еды они шутили и смеялись. Наевшись, они выбросили наполовину недоеденную еду в мусор. В следующем за этим кадре был показан бедняк, копающийся в мусоре. Увидев два больших куска курицы, которые выбросили девушки, он обрадовался и положил их в небольшой пластиковый пакет.

Таким образом он постепенно наполнил пластиковый пакет пищевыми отходами разных людей, которые ели в ресторане. Дальше было показано, как он возвращается в свою деревню и делится с детьми всей собранной едой. Лица детей светились счастьем. Вскоре вся еда была съедена. Однако дети все еще были голодны, поэтому они начали вылизывать пластиковые пакеты. Сын мужчины, посмотрев видео, заплакал. Он сказал: «Папа, я больше никогда не буду попусту растрачивать еду».

Важно научить наших детей ценить дисциплину. Легко рисовать на мокром цементе. Но как только он высохнет, это станет невозможным. Юные умы подобны мокрому цементу. Поэтому родителям нужно окружать своих детей любовью и лаской. Они должны им прививать ценности и хорошую культуру. Родители должны быть примером для подражания для своих детей. Если мы будем так поступать, наши дети узнают о *дхарме*, и у них естественным образом возникнут хорошие привычки.

Они смогут преодолеть любое искушение, которое жизнь сможет подбросить на их пути. Они смогут выжить. Цель нашей жизни не должна заключаться в том, чтобы просто заработать деньги и обрести комфорт. Нам необходимо воспитывать в наших детях осознание того, что в жизни есть более важные цели. Если мы сможем это осуществить, общество начнет постепенно совершенствоваться, и во всех областях будет происходить прогресс.

Гармоничные отношения

Дети, сегодня мы видим много браков, в которых нет никакой настоящей любви. Такие браки полны конфликтов и трений. Так происходит, потому что нет простого понимания между мужем и женой. В большинстве случаев пара даже не пытается понять друг друга. Для развития настоящих отношений необходимо простое понимание человеческой природы — природы мужчин и женщин. Мужчина должен знать, какая на самом деле женщина, и наоборот. К сожалению, сегодня это понимание отсутствует; они обитают в двух изолированных мирах, между которыми нет никакой связи. Они становятся похожи на два отдельных острова, между которыми нет сообщения; между ними даже паром не ходит.

Мужчины в основном интеллектуальны, в то время как женщины склонны быть более эмоциональными. Они обитают в двух разных центрах, вдоль двух параллельных линий. Настоящей встречи не происходит.

Какая же тогда между этими двумя может быть любовь? Если один говорит «да», другой, вероятно, скажет «нет». Вы редко услышите гармоничное сочетание «да» и «да» или «нет» и «нет» в унисон. Их различная природа должна быть понята и принята. И каждый — как муж, так и жена — должен приложить сознательные усилия к тому, чтобы дотянуться до чувств друг друга, до сердца, а затем попытаться решить проблемы исходя из этого понимания. Им не следует пытаться контролировать друг друга. Они не должны говорить друг другу: «Я скажу "да", и поэтому тебе тоже следует сказать "да"».

Любое подобное отношение должно быть отброшено, поскольку оно приведет только к гневу и даже ненависти. Любовь в таких отношениях будет очень поверхностной. Если пропасть между этими двумя центрами — интеллектом и эмоциями — может быть преодолена, то сладкая музыка любви польется изнутри каждого из них. Этим объединяющим фактором является духовность. Если вы посмотрите на наших предков, то увидите, что их браки были в целом более любящими, чем современные. В их жизни было гораздо больше любви и гармонии, потому что они лучше понимали духовные принципы и их значение для повседневной жизни.

Дети, научитесь уважать чужие чувства. Научитесь выслушивать проблемы друг друга с любовью и заботой. Когда вы слушаете своего партнера, он или она должны чувствовать, что вы искренне заинтересованы и искренне хотите помочь. Ваш партнер должен ощущать вашу заботу и внимание, ваше уважение и восхищение. Необходимо открытое и безоговорочное принятие другого. Тем не менее конфликты неизбежны. Могут возникать недопонимания и разногласия. Но позже человек должен суметь сказать: «Мне очень жаль, пожалуйста, прости меня. Я не хотел этого». Или вы можете сказать: «Я люблю тебя и глубоко переживаю за тебя — никогда даже не сомневайся в этом. Извини, я не должен был говорить того, что сказал. В гневе я потерял самообладание и умение отличать хорошее от плохого». Такие успокаивающие слова помогут исцелить любую обиду, они также будут способствовать глубокому чувству любви между вами, даже после большой ссоры.

Доверие — основа крепких отношений

Дети, основой наших отношений должно быть взаимное доверие. Отношения между мужем и женой, между двумя друзьями и между деловыми партнерами устойчивы только при взаимном доверии. По правде говоря, именно осознание собственных слабостей заставляет нас подозревать и находить недостатки в других. Это приводит к тому, что мы не можем наслаждаться их любовью. В конце концов мы также теряем наше счастье и душевный покой.

Когда два человека начинают жить вместе, конфликт вполне естественен. Мы это видим в любых отношениях. В человеческой природе заложено винить во всех проблемах другого. Обычно мы отказываемся принимать на себя какую-либо ответственность. Такое отношение пагубно, особенно для духовного искателя. Простая мысль «Я не эгоист, поэтому я не виноват» уже сама по себе является проявлением эго.

Эго очень чувствительно. Больше всего оно не любит критику. Более того, когда наше эго становится неуправляемым, оно утяжеляет наше бремя, порождая паранойю и страх. Оно разрушает наш душевный покой и вредит способности мыслить рационально.

Двое детей играли. У мальчика было немного карманных денег. У девочки были шоколадные конфеты. Мальчик сказал: «Если ты дашь мне шоколад, я дам тебе деньги». Девочка согласилась. Она дала ему несколько конфет. Получив шоколадные конфеты, мальчик отложил самые ценные монеты и отдал мелкие. Девочка не поняла, что произошло. И когда она пошла спать, то спокойно уснула. Мальчик же все еще размышлял: «Держу пари, у нее были очень дорогие шоколадные конфеты. Вместо того чтобы отдать их мне, она, вероятно, дала мне самые дешевые. Точно так же как я отложил самые крупные монеты, она, должно быть, припрятала более дорогой шоколад». Из-за этих подозрений он не мог заснуть.

Некоторые мужчины говорят Амме: «Я думаю, у моей жены роман на стороне».

Некоторые женщины говорят Амме: «Я продолжаю наблюдать, как мой муж очень мягким голосом разговаривает с кем-то по телефону. Ночью я вообще не могу заснуть».

Два человека сочетаются браком, желая любви, мира и счастья, но из-за своих подозрительных натур, их жизнь превращается в ад, в котором напрочь отсутствует покой. Пока чудовище по имени подозрение заполняет наш ум, никакие консультации или советы не помогут. Многие семьи разрушаются таким образом.

Несмотря на то что люди обмениваются красивыми и яркими словами о своей любви друг к другу, где-то глубоко внутри большинство людей думает, что любовь существует для того, чтобы брать. На самом деле смысл любви в том, чтобы отдавать. Только даря любовь, можно расти и помогать расти другим. Если такого отношения отдачи нет, то так называемая любовь вызовет только страдание, как для любящего, так и для любимого. Мы не должны думать: «Хороший ли он мне друг?» Напротив, мы должны задавать вопрос: «Хороший ли я друг для других?»

Во-первых, мы должны быть готовы любить своего супруга и доверять ему. Если мы захотим любить и доверять, 95% того же вернется нам в ответ. Подозрение порождает подозрение, а доверие порождает доверие. Прежде чем придираться к нашим партнерам, мы должны заглянуть внутрь себя. Если у нас есть недостатки, нам следует их исправить.

Часто состоящим в отношениях людям помогает откровенный разговор друг с другом, вместо того чтобы цепляться за подозрения. Не стесняйтесь обращаться за помощью к друзьям или даже к профессионалам, когда это необходимо. Быть терпеливыми друг к другу, быть рядом и поддерживать друг друга — вот что делает отношения крепкими. Прежде всего поймите духовные истины и научитесь находить счастье у себя внутри. Если мы сможем это сделать, то мы также будем счастливы в отношениях.

Религиозные праздники и тексты

Преданность в «Рамаяне»

Дети, даже спустя многие тысячи лет «Рамаяна» занимает особое место в сердцах людей. В чем же причина? Потому что в ее страницах заключена суть преданности. Преданность в «Рамаяне» смягчает и очищает наше сердце. Несмотря на то что горькая тыква по своей природе является горькой, если мы на некоторое время замочим ее в воде с сахаром, она станет сладкой. Точно так же, когда мы смиряем свой ум и отдаем его Богу, все загрязнения ума устраняются, и наш ум становится чист.

В «Рамаяне» мы видим различные формы и проявления преданности. Прсданность Бхараты отличается от преданности Лакшманы. Преданность Ситы отличается от преданности Сабари. Один из аспектов преданности — неугасаемое стремление к близости, к тому, чтобы быть вместе со своим возлюбленным. Мы можем увидеть этот аспект преданности в Лакшмане. Лакшмана всегда занят служением Господу Раме. По сей день его помнят как того, кто постоянно отказывался от еды и сна, чтобы служить своему Господу. Но преданность Бхараты была не такой. Его преданность была наполнена спокойствием и мягкостью. Считая себя слугой Рамы, Бхарата правил страной в отсутствие Рамы, таким образом поклоняясь Раме. Если человек постоянно помнит о Боге и полностью отдает себя Богу, все его действия будут поклонением. С другой стороны, без такого отношения даже *пуджи* и *хомы*, проводимые в знаменитых храмах, будут просто «работой», а не поклонением.

Интенсивность преданности возрастает во время отсутствия нашего Возлюбленного. Это то, что мы наблюдаем как у Ситы, так и у гопи из Вриндавана. Когда Господь Рама был рядом с ней, Сита захотела себе золотого оленя. Она стала рабом своего желания. Однако, после того как Равана похитил её, сердце Ситы постоянно тосковало по Раме. Все мирские желания Ситы были сожжены в этой глубокой скорби из-за разлуки с Рамой. Её сердце снова очистилось, и она смогла воссоединиться с Богом.

Преданность Ханумана — это сочетание таких качеств, как умение различать между вечным и преходящим, энтузиазм, концентрация и сильная вера. Будучи слугой Сугривы, Хануман, увидев Господа Раму, полностью посвятил себя Раме. Если связь Ханумана с Сугривой имела мирскую природу, то с Рамой это была связь между *параматмой* и *дживатмой* — связь между Высшей Душой и индивидуальной душой. Хануман также демонстрирует, как с помощью постоянного повторения имени Господа, можно достичь постоянного памятования о нем.

Чтобы обрести преданность, не нужно рождаться в высших слоях общества или быть очень образованным. Необходимо лишь чистое сердце. Это то, что мы наблюдаем у Сабари. Она полностью верила своему *Гуру*, который сказал ей, что однажды Господь Рама посетит её. Ожидая появления Рамы, она каждый день убирала *ашрам* и собирала всё необходимое для поклонения ему. Она приготовила специальное место для Рамы, чтобы он мог сесть. Так пролетали дни, месяцы и годы. Долгое ожидание не было напрасным. Однажды Господь Рама пришел к ней в хижину и принял её радушное гостеприимство. История Сабари доказывает, что Бог придет, чтобы поселиться в сердцах тех, кто ожидает Его.

Преданность не должна быть только эмоциональной. Преданность, основанная исключительно на эмоциях, будет иметь силу, но будет лишь временной. Поэтому необходима преданность, основанная на знаниях. Преданность не должна быть направлена на исполнение наших мирских желаний. После того как семена преданности прорастут, их нужно собрать и посадить на полях знания. Когда они принесут хорошие плоды, цель будет достигнута.

Рама смог пробудить проявление преданности в братьях, друзьях, подданных, даже в птицах и других животных. Там, где есть величие, мы неосознанно будем поклоняться ему. Это происходит, потому что семя преданности спрятано в сердце каждого из нас. Мы должны взращивать его нашими мыслями, словами и действиями. Наша преданность должна расти, пока мы не увидим Бога, пронизывающего всю вселенную. «Рамаяна» — это путь, который ведет нас к этому высшему состоянию.

Впитайте суть религиозных праздников

Дети, религиозные праздники — это не просто традиции, которые празднуются раз в год. Нам следует глубоко впитать послание, лежащее в основе этих фестивалей, и сделать его частью нашей жизни. Воспитывать преданность и духовную осознанность и при этом продвигаться в этом материальном мире — важнейший принцип, лежащий в основе почти всех празднований. Также необходимость прощать и забывать проступки, причиненные вам другими. Это поможет создать повсюду атмосферу свободы, дружелюбия и единства и позволит нам открыть свои сердца и помогать другим. Такие различия, как старший по чину, работодатель и служащий, хозяин и слуга, уходят на второй план.

В Индии всегда была традиция связывать жизнь, обычаи, искусство и знания с поклонением Богу. Подобно тому как все пчелы следуют за тем, кто поймал пчелиную матку, все самое благодатное последуют за нами, если мы станем искать убежища в Боге. Обычно мы полагаемся на Бога в том, что касается материальных благ, но, если мы сможем прожить свои жизни, видя Бога во всем и видя всё как Его волю, мы будем процветать не только материально, но и духовно. В нашей жизни будет удовлетворение и покой. У строки из нулей нет никакой ценности, но, если перед ними написать цифру 1, их значение внезапно станет огромным. Точно так же единственная истина, которая придает ценность всему, — это Бог и восприятие мира как Бога.

Многие праздники — это выражение человеческого стремления к тому, чтобы будущее было лучше настоящего. Сегодня человечество ищет только внешних изменений. Но ни одно изменение во внешнем мире никогда не может быть постоянным. Более того, внешние изменения часто приносят больше горя, чем счастья. Поэтому, пытаясь изменить внешнюю ситуацию, мы должны также попытаться изменить и внутреннюю ситуацию. Это не так уж и сложно. На самом деле именно наши действия и наше отношение делают этот мир красивым или уродливым.

Однажды Бог отправился навестить ад. Все обитатели ада начали жаловаться Богу: «Боже, ты очень предвзятый. Нам пришлось веками жить в этом грязном, вонючем аду. Однако все это время обитатели небес жили в раю. Разве это честно? Не стоит ли нам поменяться местами хотя бы на какое-то время?»

Бог уступил их мольбам. Обитатели рая стали жить в аду, а обитатели ада — в раю. Так прошло пять или шесть месяцев. Однажды Бог снова посетил ад. То, что он там увидел, было невероятным. Повсюду были деревья и цветы. Тротуары и улицы были чистыми. Люди воспевали хвалу Богу. Они танцевали. Везде можно было видеть только радость.

Затем Бог посетил бывшие небеса. Они оказались мучительным зрелищем. Поля стали пустынными, растения засохли. Нигде не было ни единого цветка. Улицы были покрыты мусором, лужами мочи и горами человеческих фекалий. Люди нецензурно бранились и постоянно ввязывались в драки. Одним словом, прежний рай превратился в ад.

Дети, такова на самом деле жизнь. Мы сами создаем рай и ад.

Нам следует научиться в равной мере принимать и радость, и печаль. Мы должны попытаться развить определенную степень отстраненности. Нам не стоит падать духом перед лицом трудностей и не стоит эгоистично танцевать от радости во времена успеха. Без отношения непривязанности мы быстро истощимся. Некоторые люди настолько глубоко впадают в депрессию, что они даже совершают самоубийство. Когда мы придаем слишком большое значение материальному успеху, жизнь теряет свое сияние. Если мы больше сосредоточимся на памятовании о Боге и духовном прогрессе, тогда маленькие взлеты и падения в жизни не будут иметь для нас такого большого значения. Более того, поистине вечное блаженство будет постепенно расти в наших сердцах.

Во время отмечания праздника мы должны больше сосредоточиться на усвоении принципов заложенных в его основу, чем на внешнем праздновании. Мы должны впитать и усвоить эти принципы в нашей жизни. Пусть Божественная милость поможет моим детям достичь этого.

Пусть Наваратри научит нас смирению

Дети, Виджаядашами — это священный день, когда молодое поколение ведут за указательный палец, чтобы написать первые буквы. Виджаядашами — это также совершенство и всецелость поклонения Шакти, божественной женской энергии, которое происходит в течение девяти дней Наваратри. В этот день дети входят в мир знания, написав «*хари-шри*» с благословения Сарасвати, богини знания. Ребенок способен получать знания, потому что вверяет свой указательный палец руке *Гуру*. Указательный палец, направленный на недостатки и ошибки других, является символом эго. Доверив *Гуру* указательный палец, ребенок символически отдает *Гуру* свое эго.

Тот, кто получил истинное знание, будет естественно скромным. Он будет видеть хорошее в каждом. Он примет каждого с уважением и почтением. Только эго — наше творение, все остальное — творение Бога. Именно это эго мы и должны отдать Богу.

На Виджаядашами образованные и необразованные люди отмечают новое начало в познании, написав *хари-шри* одним и тем же способом. Знание становится совершенным, когда человек, осознавая ограниченность приобретенных доселе знаний, со смиренным отношением говорит: «Мне еще так много надо узнать и многому научиться». Затем он испытывает энтузиазм, чтобы получить это новое знание. Виджаядашами напоминает нам, что в жизни нам необходимо сохранять скромность, энтузиазм и отношение смирения.

На Дургаштами книги, музыкальные инструменты и материалы для работы преподносят для богослужения. И возвращаются обратно уже на Виджаядашами. Это символизирует подношение самой нашей жизни Богу и получение ее обратно в качестве Божьего благословения. Виджаядашами — это символ нового начала в жизни и новое намерение помнить о Боге.

Каждый раз одержав победу мы говорим: «Это я сделал!» Но когда на нашем пути случается неудача, мы говорим, что это Бог наказывает нас. Так не должно быть. Мы должны думать, что всё делает Бог: «Я всего лишь инструмент в Твоих руках». Наваратри учит нас, что эта осознанность должна пробудиться в нас: что все победы в жизни являются результатом благословения и силы Бога, а нам никогда не следует испытывать личную гордость за победу. Памятование о Боге и смирение перед Богом делают жизнь благословенной.

Наваратри учит нас важности пошагового прогресса и окончательного освобождения путем преданности. Праздник учит нас, что это важнее материальных достижений. Устраняя умственные загрязнения у тех, кто ставит целью своей жизни Богореализацию, и уничтожая их эго, Божественная Мать пробуждает наше внутреннее духовное знание.

101

Подарите на Рождество любовь

Дети, Рождество пробуждает в сердцах людей вибрации добра, сострадания и надежды на лучшее. Рождество напоминает нам о том, что наши сердца должны быть наполнены любовью к Богу и к нашим ближним. Это напоминает нам о необходимости отказа от чувств эгоизма и ненависти. *Махатмы*, подобные Христу, проявляли такую доброту всю свою жизнь.

Рождество — это также время для исцеления наших отношений с другими людьми. К сожалению, у людей часто возникают негативные чувства к их родственникам, друзьям и коллегам. Чаще всего так происходит, когда эти люди не оправдывают наших ожиданий. Негативные чувства возникают и из-за того, что мы неверно понимаем других. На самом деле наше понимание других, правильное или нет, основано на нашей собственной культуре и опыте. Вор думает, что все другие люди хотят его обокрасть!

Возвратившись с работы домой, женщина увидела, что ее дочь стоит и держит в каждой руке по яблоку. Она ласково спросила: «Доченька, можно мне яблочко?»

Девочка посмотрела на мать и надкусила яблоко в правой руке. А затем тут же надкусила и второе яблоко! При виде этого лицо матери омрачилось. Она пыталась не показать вида, но была очень разочарована. Но в следующий момент дочь протянула яблоко в правой руке, сказав: «Мама, возьми вот это. Оно слаще!»

Мать не смогла распознать невинную любовь своего собственного ребенка. Эта история напоминает нам о том, насколько мы можем ошибаться, когда осуждаем других, основываясь на своем собственном ограниченном понимании.

Независимо от того, насколько мы опытны или образованны, нам никогда не следует делать поспешных выводов, обвинять или оскорблять других. У нас должно быть доброе сердце, чтобы выслушать и понять их точку зрения. Даже если мы думаем, что кто-то совершил самое ужасное преступление, мы должны дать ему возможность объясниться. Возможно, наше понимание ситуации неверно.

Дарить и получать подарки на Рождество — большая радость для всех. Однако лучшие подарки не те, которые вы покупаете в магазине. Лучшие подарки — это отказ от вредных привычек и любовь и уважение по отношению к своей семье, друзьям и коллегам. Настоящий рождественский дух засияет в жизни каждого из нас благодаря таким позитивным изменениям.

Шиваратри — это время предназначенное для погружения в Бога

Дети, храмовые фестивали, праздники и групповые молитвы играют важную роль в том чтобы направить людей к Богу. Когда группа людей вместе молится и вспоминает Бога, в пространстве создаются позитивные вибрации. Когда человек молится в одиночестве, ему иногда бывает трудно преодолеть отрицательные вибрации в атмосфере. Благодаря групповому поклонению сама атмосфера становится благоприятной для сосредоточения на Боге. В результате в людях укрепляется культура духовности.

Истинная цель храмовых фестивалей — создание прочной основы для размышлений и поклонения Богу, которая сохранится и после окончания нескольких дней празднования. Одним из важных праздников является Шиваратри. Шиваратри напоминает нам о важности избавления от негативных мыслей и полного погружения в мысли о

Боге. Он напоминает нам о необходимости стремиться к достижению самой важной цели человеческого рождения.

Шиваратри — это праздник отречения и аскетизма. Днем обычно соблюдается пост, а ночью люди не спят и поют *бхаджаны*. Большинство людей не готовы отказаться от еды или сна. Но Шиваратри побуждает даже мирян найти в себе любовь к Богу. Он вдохновляет их отказаться от еды и сна и проводить время в медитации и пении *бхаджанов*.

Однажды *гопика* пришла в дом Нандагопы за огнем, чтобы зажечь вечернюю масляную лампаду. Она также надеялась увидеть маленького Кришну. Войдя в дом, она заострила фитиль своей лампы и стала его зажигать, прикоснувшись к пламени лампы в доме. В этот момент ее взгляд упал на малыша Кришну, лежащего в колыбели. Все ее внимание было обращено на Кришну. Она полностью перестала замечать, как на ее собственных пальцах начали появляться ожоги.

Не дождавшись возвращения дочери, мать *гопики* отправилась в дом Нандагопы на ее поиски. Зрелище, которое она увидела, было невероятным. Ее дочь была так погружена в созерцание малыша Кришны, что держала горящий фитиль пальцами, а не в лампе. Мать *гопики* подбежала к ней, погосив пламя. «Что ты делаешь, дочь моя!» — воскликнула она. Только тогда *гопика* стала воспринимать внешний мир. Увидев Кришну, *гопика* забыла обо всем остальном. В таком возвышенном состоянии преданного экстаза она не чувствовала никакой боли. Эта история учит нас тому, что, если мы будем развивать любовь к высшим целям, мы обретем силу, чтобы преодолеть все психические и физические слабости.

Пусть через соблюдение ритуалов Шиваратри мы разовьем любовь к Богу и станем совершенными сосудами для получения милости и благословения от Господа Шивы, который является воплощением самоотречения, аскетизма и знания.

Поклоняться Кришне — значит стать Кришной

Шри Кришна жил около 5000 лет тому назад. Тот факт, что люди все еще помнят его и поклоняются ему сегодня, свидетельствует о его величии. Поклоняться Шри Кришне — значит стать Шри Кришной. Его жизнь должна стать для нас образцом для подражания. Форма Шри Кришны чрезвычайно красива, но эта красота не ограничивается физической оболочкой. Это бессмертная красота сердца.

Мокша — освобождение от страданий — это не то, что достигается после смерти в каком-то ином мире. Это то, что нужно понять и испытать, живя в этом мире. Шри Кришна учил этому принципу на примере своей жизни. Жизненная история Шри Кришны учит нас смыслу жизни в этом мире и тому, как нам следует жить. Он был *Махагуру*, который с удовольствием праздновал даже жизненные неудачи. Не заставляйте других плакать, а живите так, чтобы они улыбались, глядя на вас. Такой урок Шри Кришна подавал нам всей своей жизнью. Он колесничий, который направляет нашу колесницу к блаженству.

Обычно людям нравится получать удовольствие от страданий других. Однако внутренним блаженством Шри Кришны был искренний смех, который изливался в мир из полноты Его сердца. Вот почему даже после поражения на поле боя улыбка никогда не сходила с его лица. Он напоминает нам о необходимости смеяться над собственными глупостями и недостатками.

Шри Кришна является примером для подражания для всех нас, независимо от выбранной нами сферы деятельности. Он жил как равный и с королями, и с простолюдинами. Даже несмотря на то, что он родился принцем, он пас скот, управлял колесницей, омывал ноги другим и даже выполнял черную работу, например, убирал тарелки из пальмовых листьев после пира. Он даже готов был пойти к неправедным людям как посланник мира.

Он был революционером, поднявшим голос против неправомерных порядков.

Он отговаривал людей возносить молитвы о дожде Индре, посоветовав вместо этого поклоняться холму Говардхана. Он объяснил им, что на самом деле именно этот холм задерживал дождевые облака. Шри Кришна преподал нам первые уроки сохранения окружающей среды. Даже сейчас мы должны стремиться защищать природу и помогать поддерживать гармонию в окружающем нас мире. Когда гармония Природы нарушается, отношения между людьми также становятся дисгармоничными.

Большинство из нас впадают в уныние и апатию, если нам не поручают ту работу, которая нам нравится. Мы должны уметь выполнять любую работу с радостью и удовлетворением. Мы все должны стремиться подражать энтузиазму и терпению, продемонстрированными Шри Кришной. Иногда обстоятельства будут благоприятными, иногда неблагоприятными. Тем не менее выполняйте свои обязанности с энтузиазмом. Вы можете заниматься любыми делами, но внутренне оставаться наблюдателем. В этом смысл улыбки Шри Кришны. Это принцип, который лежит в основе послания Господа Кришны миру.

Любовь

Поднимитесь по лестнице любви до самой ее вершины

Дети, то, чего жаждет большинство людей в этом мире, — это любовь. Человек ищет друзей, женится и ведет семейную жизнь — всё ради любви. Однако, как это ни трагично, в современном мире больше всего не хватает именно любви. Всё потому, что все хотят получать любовь, но никто не хочет ее дарить. И даже когда люди дарят любовь, она сопровождается множеством ожиданий и условий. Такие «любовные» отношения могут разрушиться в любой момент. Любовь может превратиться в ненависть и вражду. Такова природа мира. Как только мы поймем эту истину, нам больше не придется сталкиваться с печалью. Тепло и свет — природа огня. Мы не можем думать, что огонь обладает только одним из этих двух свойств. Точно так же, как только мы признаем, что в мирской любви будет доля печали, мы сможем принимать абсолютно все с равным отношением.

В каждом из нас есть чистая любовь. И есть способность любить всех без ожиданий. Поскольку любовь — наша истинная природа, ее невозможно утратить. Может казаться что драгоценный камень, погруженный в масло, утратил свой блеск. Но этот блеск можно вернуть. Нам просто нужно почистить камень. Подобным же образом мы можем вернуть себя к чистейшей форме любви, избавившись от умственных загрязнений.

Любовь — это лестница со множеством ступеней. Сегодня большинство из нас стоит на самой низшей ступени. Нам не следует оставаться там до конца жизни. Вместо этого используйте каждую ступеньку как средство для достижения следующей. Мы не должны останавливаться, пока не достигнем наивысшей области любви. Такая любовь — высшая цель жизни.

«Я люблю тебя» — распространенное выражение. Но оно неверно. Истиной же является утверждение «я — любовь; я — воплощение любви». Когда мы говорим «я люблю тебя», существуют «я» и «ты». Есть разделение. Между этими «ты» и «я» зажата любовь. Она там задыхается и в конце концов исчезает.

Пытаться любить с отношением «я» и «ты» — всё равно что маленькой змее пытаться проглотить очень большую лягушку. Оба пострадают. Но когда любовь выражается без каких-либо ожиданий, страданий нет. Наша бескорыстная любовь также поможет пробудить бескорыстную любовь в других. Тогда наши жизни наполнятся любовью и счастьем. Когда мы осознаем, что «я — воплощение любви», у нас больше не будет эгоистичных желаний или ожиданий. Подобно непрерывно текущей реке, наши жизни превратятся в чистую любовь, текущую к каждому. Тогда мир будет пожинать от нас только хорошее. Пусть все мы поднимемся в это высшее царство чистой любви.

Любовь делает нашу жизнь божественной

Дети, многие из нас строят отношения с другими на основе прибыли и убытков. В процессе накопления богатств мы часто забываем о богатстве любви. Любовь — это богатство, делающее нашу жизнь божественной. Любовь — это настоящее благо жизни.

В Божьем творении многие вещи наделены способностью привлекать и делать других счастливыми. Например, красота бабочек, аромат цветов и сладость меда всех привлекают и дарят счастье. Эти красота, аромат и сладость исходят изнутри, а не извне. Но как обстоят дела у самого божественного творения, называемого человеком? Если ему нужно, чтобы его тело источало аромат, он должен воспользоваться духами. Если он хочет быть красивым, ему нужно надеть хорошую одежду и накраситься. Несмотря на все это, то, что исходит изнутри человека, является нечистотами с неприятным запахом. Но если мы попытаемся, то сможем излучать счастье, комфорт и позитивную энергию на окружающих. Путь к достижению этого — хорошие мысли, любящие слова, веселый нрав и бескорыстные действия.

Эта жизнь может закончиться в любой момент. Осознание этого помогает иметь правильное восприятие. И тогда, даже когда смерть появится перед нами, мы встретим ее с радостью.

Пациентам со смертельными заболеваниями, такими как рак, врачи могут сообщить: «Вам осталось жить от трех до шести месяцев». В этот момент, видя перед собой смерть, люди понимают, что они не смогут унести с собой ни деньги, ни славу и что их единственное спасение — в Боге. С этим осознанием внутри происходит большое изменение. Они развивают ум, который любит всех. Они хотят простить тех, кто причинил им боль. Они ищут прощения у тех, кого обидели.

Некоторые из таких людей говорили Амме: «Амма, в те несколько дней, которые у меня остались, я хочу жить, любя всех. Я не был способен по-настоящему любить свою жену и детей. Теперь я хочу дать им много любви. Я хочу любить тех, кто меня ненавидит, и тех, кого я ненавидел. Более того, я причинил боль многим людям и у них также хочу попросить прощения».

У всех нас есть способность вот так любить и прощать других. Нам не нужно дожидаться, пока смерть появится у нас на пороге. Если мы начнем сегодня, то сможем пробудить в себе такое отношение.

Не богатство или слава, а любовь, сострадание и забота сделают нашу жизнь божественной. Сегодня человечество нуждается в осознании этой единственной истины.

Природа Гуру

Для самой тонкой из наук нужен учитель

Будь то искусство, наука, история, приготовление вкусной еды или даже завязывание шнурков, без учителя человек не может постичь ничего. Духовность — это наука, наука о Внутреннем Я. Как таковая она тоньше любой другой науки. Если нам нужен учитель для постижения всех материальных наук, которые являются более приземленными, то что говорить о духовности, самой тонкой из всех наук?

На самом деле *Гуру* не выбирают. Отношения приходят спонтанно — даже более спонтанно, чем влюбленность. Однако чтобы возник *Гуру*, сначала должен возникнуть ученик. Когда ученик готов, *Гуру* просто появляется.

Садгуру — истинный учитель — полностью лишен эго. Как таковой он не может предъявлять притязаний на что-либо. *Садгуру* будет воплощением чистой любви, сострадания и самопожертвования. *Садгуру* будет скромнее самого скромного и проще самого простого. Фактически, в истинных отношениях *Гуру*-ученик из-за невероятного смирения первого будет трудно отличить *Гуру* от ученика. Полностью преодолев ощущение себя как отдельной личности, а также всех симпатий и антипатий, *Садгуру* ни на что не претендует. Такой *Гуру* видит во всем только божественность — сияющее внутреннее я, чистое сознание.

Однажды Тьма подошла к Богу и сказала: «Я никогда не делала ничего плохого Солнцу, но оно продолжает мучить меня. Куда бы я ни пришла, вскоре появляется оно, и мне приходится убегать. Мне нет никакого покоя. Не хочу жаловаться, но с меня хватит! Сколько еще это будет продолжаться?»

Бог немедленно вызвал Солнце и спросил его: «Почему ты изводишь бедную Тьму?»

Солнце ответило: «О чем ты говоришь? Я никогда не встречало ничего такого, что зовется Тьмой». Бог огляделся, и действительно, Тьмы больше не было. Она исчезла. Солнце сказало: «Как только тебе удастся привести ко мне Тьму, я готово извиниться или сделать то, что ты велишь. Возможно, неосознанно я причинило ей боль. Но по крайней мере позвольте мне увидеть ее — ту, что жалуется на меня».

Говорят, что иск Тьмы против Солнца все еще не закрыт. На сегодняшний день Богу так и не удалось вызвать к себе обе стороны. Иногда приходит Тьма, иногда Солнце, но никогда — оба одновременно. Пока они не появятся вместе, дело не может быть рассмотрено.

Как может Тьма встретиться с Солнцем? Тьмы не существует, это просто отсутствие света. Поэтому там, где есть свет, его отсутствия быть не может.

Для нас, не имеющих ориентиров в отношении духовности, *Гуру* дает необходимые инструкции, указания и пояснения, чтобы мы могли понять и усвоить духовные принципы в их простейшей и чистейшей форме.

Духовность и духовное мышление — полная противоположность мирской жизни и материальному мышлению. Поэтому, что происходит, когда мы подходим к духовной жизни со своим старыми образами мышления? Мы терпим неудачу. Для понимания нам нужно определенное время. Однако *Гуру* терпелив. Он будет объяснять и показывать, объяснять и показывать, объяснять и показывать снова и снова, пока мы, наконец, не усвоим урок раз и навсегда. Если вы хотите выучить иностранный язык, лучше всего жить с носителем языка. *Гуру* — это носитель духовности, самореализации.

Гуру ведет вас из ве́домого мира различий в неве́домый мир единства. *Садгуру* пребывает в полном единении со Всевышним. Поэтому он видит божественность везде. Глядя на ученика, он видит дремлющую внутри божественную красоту. Это очень похоже на то, как скульптор видит прекрасную статую, заключенную в камне. Подобно тому как скульптор отсекает острые края камня, чтобы освободить прекрасную скульптуру, так и *Гуру* работает со слабостями и ограничениями ученика, чтобы помочь ему осознать Истинное Я.

В настоящем смирении нет никаких мыслей, потому что вы выходите за пределы ума. То, что мы сейчас называем смирением, — это просто размышления о том, становиться смиренным или нет. Другими словами, пока ученик проходит обучение под руководством *Садгуру*, все еще существует умственный конфликт и внутренняя борьба. Только когда приходит финальная стадия смирения, этот конфликт завершается и появляется осознание. Смирение — это не делание, а то, что случается. Это отношение, которое наполняет каждый аспект жизни ученика.

Как правило, со словом «смирение» связано много страхов. Услышав его, мы опасаемся, что в смирении мы потеряем всё. Однако, в реальности, настоящее смирение приносит нам только больше ясности, больше любви, больше сострадания, больше успеха — больше всего хорошего, красивого и мудрого. Смирение подобно семени, которое теряет оболочку, чтобы стать деревом.

Махатмы спускаются вниз, чтобы возвысить нас

Дети, духовность — это знание о себе, осознание своей истинной природы. Если король не способен осознать, что он король, то его королевская власть бесполезна. Если нищий не знает, что под его хижиной находятся драгоценные сокровища, он будет продолжать жить как нищий. Большинство людей находится в подобном состоянии. Поэтому в своем стремлении к богатству и удовольствиям они причиняют вред друг другу и самим себе. Они даже разрушают природу. Если мы хотим возвысить таких людей, мы должны спуститься до их уровня.

Однажды в деревне появился волшебник в странной одежде. Жители села начали над ним подшучивать. Когда их шутки перешли границы дозволенного, маг рассердился. Он взял немного пепла, прочитал мантру и бросил в деревенский колодец. Он наложил такое заклятие, что всякий, кто выпьет воду из колодца, сойдет с ума. Именно так и случилось. Вскоре все в деревне сошли с ума.

Однако у старейшины деревни был свой личный колодец. С ним было всё хорошо. Жители села совершенно обезумели. Они болтали любую чепуху, которая приходила им в голову, плясали и вели себя как сумасшедшие. Постепенно они заметили, что их старейшина ведет себя не так как они. И очень удивились. Они решили, что он сумасшедший, и попытались связать его. Наступил полный хаос. Старейшине удалось сбежать. Он подумал: «Все жители сошли с ума. Они не оставят меня в покое, если я буду вести себя иначе. Если мне придется жить здесь и выводить их из этого состояния, то мне остается только одно: я должен вести себя так же, как они. Чтобы поймать вора, нужно действовать как вор». С этим намерением деревенский старейшина начал танцевать и вести себя так же безумно, как и жители деревни.

Они были счастливы видеть, что их глава излечился от своего безумия.

Постепенно глава деревни вдохновил жителей выкопать еще один колодец и пить воду из него. В конце концов все вернулись к нормальному состоянию.

Махатмы подобны этому деревенскому старейшине. Люди могут подшучивать над ними. Могут даже называть их безумными. Но *махатмы*, которые одинаково относятся к похвале и оскорблению, не беспокоятся о таких вещах. Они спускаются до уровня людей и поднимают их выше, подавая пример служения и любви безо всяких ожиданий.

Духовность — это не слепая вера в Бога или религиозные обряды и обычаи. Это объединение сердец. Только когда наша религия станет духовностью, общество сможет закрепиться на прочном фундаменте *дхармы*, универсальных моральных качествах и стремлении к служению.

Гуру — это воплощение высшей истины

Дети, некоторые люди думают, что смирение перед *Гуру* сродни рабству, что это форма привязанности. Сейчас мы подобны королю, которому однажды ночью приснилось, что он нищий, после чего он впал в депрессию. *Гуру* пробуждает нас от сна невежества, которое является главной причиной всех наших горестей.

Даже если мы забыли стихотворение, которое выучили в детстве, мы вспомним его, как только услышим, как кто-то произнесет первые несколько строк. Подобным образом, наше нынешнее состояние — это забвение, духовная забывчивость, и учение *Гуру* обладает силой пробудить нас.

В каждом семени есть дерево. Но для того чтобы появилось дерево, семя должно сначала погрузиться в землю и прорасти. Подобным образом, хоть мы и являемся Вечной Истиной, до тех пор пока оболочка эго не треснет, мы никогда не ощутим эту действительность. *Гуру* — это тот, кто подпитывает этот процесс.

Чтобы саженцу вырасти и стать деревом, ему необходима благоприятная среда. Его надо вовремя поливать, вовремя удобрять. Его нужно защищать от различных вредителей. *Гуру* делает то же самое для своих учеников на духовном уровне, питая их и защищая от различных препятствий и ловушек.

Подобно тому как фильтр очищает воду, *Гуру* очищает ум ученика, удаляя эго. Сейчас мы на каждом шагу становимся рабами эго. У нас не получается использовать нашу способность различать вечное от временного, и потому мы не можем двигаться вперед по жизни.

Однажды, когда вор залез в дом, жившие в нем люди проснулись, и ему пришлось бежать. Люди в доме кричали: «Вор! Вор!» и вскоре большая толпа людей устремилась за ним. Умному воришке пришла в голову идея. Он тоже начал кричать: «Вор! Вор!», а затем сумел слиться с толпой и ускользнуть от поимки. Так обстоит дело и с эго. Ученику трудно найти его и уничтожить самостоятельно.

Необходимо обучение под руководством *Садгуру*.

Гуру старается полностью устранить эго в ученике. Смирение перед наставлениями *Гуру* — это не акт рабства, а путь к высшей свободе и вечному счастью. Единственная цель *Гуру* — полностью освободить своего ученика от страдания. Когда *Гуру* ругает его, ученик может немного огорчиться, но *Гуру* ругает только с одной целью — искоренить и уничтожить все негативные наклонности ученика и пробудить его к Истинному Я. Во время этого процесса ученик, скорее всего, испытает некоторую эмоциональную боль. Она похожа на боль, которую причиняет врач, когда сжимает рану, чтобы удалить из нее весь гной и бактерии. Врачу, возможно, придется разрезать и открыть рану, чтобы устранить все загрязнения. Необразованному наблюдателю врач может показаться жестоким. Но если из «сочувствия» к пациенту врач откажется от этой процедуры и просто применит наружное средство, рана никогда не заживет. Так же как единственная цель врача — удалить загрязнение из физического тела, единственная цель *Гуру* — удалить негатив ума.

В действительности *Гуру* — это не просто человек. Он *парама таттвам*, высший принцип. Он является воплощением истины, отречения, любви и *дхармы*. В присутствии *Садгуру* ученик может впитать в себя все, что олицетворяет *Гуру*, и освободиться. В этом величие присутствия *Гуру*.

Наша культура

Уважение к старшим

Дети, один из важнейших аспектов индийской культуры — это уважение и повиновение родителям, учителям и старшим. Раньше у нас была привычка склоняться перед родителями, с уважением вставать, когда они входят в комнату, уступать и отдавать предпочтение мнению старших. Печально видеть, что мы не сохранили эти традиции и не смогли взрастить их в следующем поколении.

Некоторые люди спрашивают: «Не являются ли уступки и послушание признаками слабости или рабского мышления?» Дети, никогда так не думайте. Это неверно. Это практические способы, с помощью которых мы можем установить гармонию в наших семьях и в обществе. Чтобы станок надежно работал, мы должны облуживать его, смазывать маслом и т. д. Так он всегда будет готов к использованию. Подобным образом, чтобы избежать трений между людьми и чтобы общество могло беспрепятственно двигаться вперед, мы должны сохранять хорошие привычки таких как слушаться старших и уступать им. Люди уважают представителей власти. Проявляя уважение, мы на самом деле защищаем законы страны. Таким же образом, если мы подчиняемся и слушаемся людей, которые старше нас по возрасту и знаниям, мы выражаем уважение их богатому опыту. Выражение почтения учеником своему учителю демонстрирует его желание учиться. Такое отношение помогает ему сосредоточенно слушать слова учителя и полностью усваивать уроки. Кроме того, видя смирение и любознательность ученика, сердце учителя тает. Он всем сердцем старается передать свои знания ученику. На самом деле именно ученик получает намного больше благодаря уважению и послушанию.

Один человек повсюду искал гладкий сферический камень, который можно было бы использовать для *пуджи*. Он даже забрался на гору, но не смог найти ни одного гладкого сферического камня. В отчаянии он пнул камень, и тот упал с горы. Спустившись вниз к подножию горы, человек внезапно нашел очень красивый гладкий сферический камень. На самом деле это был тот самый камень, который он сбросил с вершины. Он стал гладким из-за столкновения с другими камнями по пути вниз. Точно так же, только когда мы откажемся от понятий «я» и «мое» и разовьем послушание и простоту, острые углы нашего эго исчезнут. И только тогда мы обретем зрелый ум.

Послушание никогда не препятствует свободному мышлению и развитию. Там, где есть новое научное изобретение, есть свобода мысли. Но основой для этой свободной мысли послужили работы предыдущего поколения ученых. Таким образом, только если каждое поколение со смирением и послушанием впитает вклад предыдущего поколения, наступит реальный прогресс.

Восстановление гармонии природы

Дети, всё во вселенной имеет свой ритм. Ветер, дождь, волны в океане, наше дыхание и биение сердца — каждый из них обладает собственным ритмом. Ради нашего психического и физического здоровья и долголетия необходимо поддерживать этот ритм. Наши мысли и действия задают ритм и мелодию жизни. Если ритм наших мыслей потерян, это скоро отразится на наших действиях. Рано или поздно это скажется и на ритмах Природы. Основная причина стихийных бедствий, таких как цунами, оползней и землетрясений, заключается в разрушении гармонии природы.

Однажды царь замаскировался и отправился на охоту. Во время охоты он отстал от остальных членов своей группы и заблудился в лесу. Усталый и голодный он, наконец, добрался до отдаленной хижины, где жила семья туземцев. Царя они не узнали. Они принесли ему фрукты и ягоды. Откусив плод, царь воскликнул: «Ох, какой горький!»

«Да, это очень печально», — согласилась семья туземцев. «Наш царь чрезвычайно эгоистичен, самовлюблен и развратен. Он настолько жесток, что заставляет нас платить непомерные налоги. Тех, кто не может заплатить, он велит казнить. Из-за его *адхармических* поступков даже сладкие от природы фрукты становятся горькими».

Когда царь вернулся в свой дворец поздно ночью, он не мог забыть происшествие в лесу. Он думал о том, как сильно страдает из-за него народ, и был полон раскаяния. Он решил посвятить остаток своей жизни искреннему служению своему народу. Вскоре были снижены налоги и запустилось множество благотворительных и гуманитарных инициатив.

Однажды, спустя несколько лет, он снова переоделся и посетил ту ветхую хижину в лесу. Семья туземцев снова принесла ему плоды. На этот раз все фрукты были сладкими. Он спросил семью о причине таких изменений. «Наш царь стал другим человеком, — ответили они. Теперь он очень хорошо правит страной. Все люди счастливы и довольны. Благодаря его добрым делам Природа тоже сильно изменилась. Вот почему фрукты такие сладкие».

В чем посыл этой истории? Действия человека влияют на Природу. Если его действия *адхармичны*, баланс в Природе будет утерян. Если его действия *дхармичны*, это также отразится на Природе. Гармония Природы будет восстановлена.

Сегодня многие люди чрезмерно эксплуатируют Природу. Поэтому природа утрачивает свой ритм. Природные катаклизмы становятся все более частыми. Даже маленькие семьи теперь предпочитают жить в больших домах. Двум людям нужно всего две комнаты в доме. Максимум они могут использовать еще две-три дополнительные комнаты. Но многие строят дома на 10 или 15 комнат. Для этого они равняют с землей холмы, взрывают горы и бурят скважины.

Они не задумываясь используют Природу ради своих эгоистических нужд.

Если мы будем немного более внимательны, то сможем остановить эту чрезмерную эксплуатацию природных ресурсов. Миллионы людей в нашей стране ездят на работу на своих машинах в одиночку. Если пять таких человек соберутся и используют одну машину, то вместо тысячи потребуется всего 200 машин. Посмотрите, как сильно мы от этого выиграем! Пробки можно значительно уменьшить. Аварий будет меньше. Загрязнение сократится. Используя меньше топлива, мы снизим расходы на топливо. Более того, меньше пробок означает меньше времени на дорогу.

Сегодняшние бессмысленные действия человека напоминают глупого дровосека, который пытался спилить ту самую ветку, на которой сидел. Крайне важно, чтобы наше отношение изменилось. Защита Природы не является обязанностью человека перед Природой. Напротив, это долг человека перед самим собой. Само выживание человека зависит от Природы. Когда человек и Природа существуют в гармонии, жизнь становится умиротворенной. При сочетании ритма и гармонии музыка становится мелодичной и приятной для слуха. Подобным образом, когда человек начнет жить в гармонии с Природой, его жизнь станет такой же сладкозвучной, как прекрасная мелодия.

Приветствуйте всех «нежданных гостей»

Дети, наша культура учит считать *атити* (нежданных гостей) равными Богу. Но под «нежданными гостями» подразумеваются не только люди, но и абсолютно все неожиданные обстоятельства. Поэтому мы должны быть готовы воспринимать любое обстоятельство, которое приходит в нашу жизнь, как почтенного гостя и с радостью принимать его.

В шахматах, если мы будем постоянно ходить фигурами только вперед, мы не выиграем. При определенных обстоятельствах, возможно, тактика игры потребует от нас отвести некоторые фигуры назад. Подобным образом, когда мы сталкиваемся с неудачей, нам нужно извлечь уроки из этого опыта, а затем использовать наши новообретенные знания, чтобы двигаться вперед.

Когда случается неудача, мы должны быть осторожны, чтобы эта неудача ограничилась внешним проявлением. Мы не можем допустить, чтобы сила нашего ума и уверенность в себе также потерпели неудачу. Во-вторых, нам никогда не следует отказываться от нашей сердечной доброты и стремления служить.

Однажды в институте менеджмента проводились собеседования. По окончании интервью студенты вернулись в свои комнаты. Некоторые студенты успешно прошли интервью. Они были очень рады. Другие были расстроены. Один из невыбранных студентов остался сидеть в помещении, где проводились собеседования. По залу гулял легкий ветерок. Некоторое время юноша сидел, наслаждаясь бризом. Стулья оставались беспорядочно стоять по комнате. Он это заметил и решил расставить их по местам.

Двигая стулья, он заметил, что кто-то с порога за ним наблюдает. Это был один из интервьюеров. Действия юноши привлекли его внимание. Вместо того чтобы расстраиваться из-за неудачи, юноша оставался собранным и сохранял чувство ответственности перед обществом. Увидев, как парень работает, интервьюер почувствовал к нему уважение.

Он взял молодого человека к себе и дал ему хорошо оплачиваемую должность.

Именно неукратимое чувство ответственности перед обществом и присутствие духа помогли молодому человеку получить работу. Он не слишком беспокоился, что не получит должность. Вместо этого он думал о том, что можно было бы сделать в настоящий момент. Убирать зал не было его обязанностью. Но он не думал: «Это не моя работа, пусть ее делает кто-то другой». Несмотря на то что это не входило в его обязанности, он очень хорошо выполнил это задачу. Это высоконравственное отношение привело его к победе.

Не каждый, кто будет вести себя как этот молодой человек, в конечном итоге победит. Но нерушимый закон Вселенной гласит, что те, кто совершает добрые дела, обязательно пожинают плоды — если нс сегодня, то завтра.

Свет в этой тьме

Дети, сегодня мир находится в очень печальном состоянии. С одной стороны, нет конца терроризму и террористическим атакам. С другой стороны, из-за человеческого эгоизма и жадности все чаще и чаще происходят стихийные бедствия. Тем не менее, даже в таких обстоятельствах то тут, то там мы можем увидеть лучи надежды. Есть люди, которые очень стараются помогать тем, кто голоден и страдает. Эти люди для нас — образцы для подражания, потому что их наполненные состраданием сердца пробуждают надежду на светлое будущее.

Амме вспоминается история, произошедшая много лет назад во время зарубежного тура. Во время *даршана* 13-летний мальчик дал Амме небольшой конверт. Обнимая его, Амма спросила: «Что это?»

Мальчик сказал: «300 евро».

«Откуда ты их взял, сынок?»

«Я участвовал в конкурсе флейтистов и получил первый приз. Это призовые деньги.

Амма заботится о многих сиротах, и эти деньги хоть немного помогут сиротам».

У Аммы на глазах появились слезы, когда она услышала его слова и увидела его невинное сердце. Амма сказала: «Сынок, сегодня твоя доброта переполнила сердце Аммы. Такие люди, как ты, — настоящее богатство Аммы».

Но на этом история не заканчивается. Младшей сестре мальчика стало очень грустно. Она тоже захотела сделать что-то для бедных, как и ее брат. Две недели спустя эти дети снова пришли к Амме. Когда они пришли на *даршан,* младшая сестра дала Амме конверт. Амма спросила: «Дочь, что в этом конверте?»

Ответила ее мать. «Неделю назад был ее день рождения. Когда дедушка подарил ей 10 евро, у нее было только одно горячее желание — отдать деньги Амме на шоколадки для детей-сирот». Услышав это, Амма обняла девочку и поцеловала ее.

Амма спросила ее: «Разве моя дочь не хочет мороженое и шоколад?»

Девочка покачала головой: «Нет».

«Почему нет?» — спросила Амма.

Девочка ответила: «Я их ем постоянно. Но разве мало детей, у которых нет на это денег? Амма должна взять эти деньги и купить им шоколадки».

Ее старший брат, совершая действия наполненные состраданием, стал для маленькой девочки примером. Пусть эти наполненные состраданием сердечки станут примером для подражания всем нам.

Изменения должны начинаться у людей изнутри. По мере того как происходят изменения в людях, начнутся изменения и в семьях. Тогда общество станет прогрессировать. Поэтому в первую очередь мы должны постараться изменить себя. Мы должны быть уверены, что всеми своими действиями мы становимся образцом для подражания для других.

Духовные практики и ведическая наука

Самадхи

Дети, самый простой и научный метод, помогающий нашему уму достичь однонаправленной концентрации, — это медитация. Состояние, когда медитация становится полностью однонаправленной, называется *самадхи*.

Ум — это постоянный поток мыслей. *Самадхи* — это состояние, в котором все мысли исчезают, все желания сдерживаются, а ум становится полностью неподвижным. В *самадхи* ум растворяется в чистом сознании, то есть в своей собственной основе — в чистой осознанности. Этот опыт — высший покой, высшее блаженство.

Однажды Богиня Парвати сказала Господу Шиве: «Я чувствую себя одинокой, когда ты бродишь по миру и просишь милостыню.

Поскольку ты пребываешь в постоянном состоянии *самадхи*, ты, должно быть, не печалишься из-за нашей разлуки. Но я не такая. Я не могу выносить разлуку с тобой. Поэтому умоляю тебя научить меня, что такое *самадхи*. Тогда мне не придется так сильно страдать от того, что я так сильно скучаю по тебе».

Господь Шива попросил Парвати Деви сесть в позу лотоса, закрыть глаза и обратить свой ум внутрь. Деви погрузилась в медитацию. Затем Господь Шива спросил: «Что ты сейчас видишь?»

Деви ответила: «Я вижу твою форму перед своим мысленным взором».

«Выйди за пределы этой формы. Что ты видишь теперь?»

«Божественное сияние».

«Выйди даже за его пределы. Что сейчас?»

«Сейчас я воспринимаю только звук».

«Выйди за его пределы. Что ты теперь ощущаешь?»

Ответа не было. Личность Деви полностью растворилась. Она исчезла. Деви полностью слилась с Господом Шивой. Там больше не было личности, которая могла бы ответить. Деви достигла вечного, неразделимого союза со своим Господом. Она была в царстве чистой любви, куда не могут войти ум, слова, идеи и мысли.

Существуют несколько типов *самадхи*. Во время глубокой медитации можно почувствовать растворение ума на короткий период времени. Во время таких медитаций человек испытывает покой и блаженство. Но это состояние непостоянно. Когда медитация закончится, мысли появятся вновь. А вот по-настоящему просветлённый учитель будет постоянно пребывать в состоянии *самадхи*, даже во время выполнения действий в этом мире. Это называется *сахаджа самадхи*.

В *сахаджа самадхи* есть только блаженство. Нет горя или счастья. Нет «я» или «ты». Это пребывание ума в состоянии вечной самореализации. *Сахаджа самадхи* находится за пределами времени и пространства. Она продолжается в любых обстоятельствах, что бы вы ни делали. Даже во время сна это состояние не меняется. Человек всегда будет существовать как чистое сознание. В глазах других они будут продолжать жить в этом мире, в дуальности. Однако на самом деле они будут постоянно наслаждаться своим собственным чистым осознанием, чистым сознанием — Истинным Я. Такие люди являются воплощением высшего сознания. В их присутствии другие тоже испытывают блаженство, радость и утешение.

Йога в сравнении с физическими упражнениями

Дети, *йога* — это способ пробудить бесконечную силу у нас внутри путем правильной интеграции ума, тела и интеллекта и, в конечном итоге, полностью осознать наш собственный потенциал. *Йога* также помогает улучшить терпение, здоровье, душевное счастье и осознание ценностей. В связи с увеличением числа заболеваний, вызванных неправильным образом жизни, и проблем с психическим здоровьем, мы видим, как популярность *йоги* растет по всему миру. Каждый гражданин Индии может гордиться тем, что *йога* — это наука, которая зародилась и сформировалась в нашей стране.

Многие люди хотят знать об особых преимуществах *йоги* по сравнению с другими видами упражнений. Любые упражнения полезны для восстановления физического и психического здоровья, но польза от *йоги* намного превосходит пользу от обычных упражнений. Обычные упражнения снижают уровень жира в теле и увеличивают мышечную силу за счет быстрых физических движений. Но *йога* больше концентрируется на том, чтобы дать отдых всем частям тела и перенаправить энергию жизненной силы в правильном направлении. Она открывает путь к правильной работе всех внутренних органов и желёз и излечивает болезни. Нервы очищаются. Это увеличивает силу ума и помогает обрести однонаправленную концентрацию. Мышцы становятся эластичными и сильными. По сравнению с другими упражнениями, *йога* уменьшает депрессию и укрепляет позитивное состояние ума.

Позы *йоги* также отличаются от других упражнений. Их делают осознанно, внимательно концентрируясь на дыхании, наблюдая за каждым движением тела. Благодаря этому ум успокаивается и приближается к состоянию, подобному медитации. Таким образом, *йога* в равной степени помогает телу и уму.

Человеку, страдающему хроническим заболеванием, помимо лекарств необходимы правильное питание и отдых. Подобным образом, чтобы *йога* была целостной и безупречной, она должна стать частью образа жизни, основанного на дисциплине и ценностях. Если с полной осознанностью заниматься *йогой*, то постепенно становится возможным выполнять осознанно и все другие действия. Это приводит к улучшению мыслей и эмоций. Постепенно обретая однонаправленность в медитации и других действиях, мы сможем осознать свое Истинное Я.

Йога помогает видеть единство в многообразии и поддерживает ненасилие по отношению ко всем живым существам. Таким образом, популярность *йоги* может способствовать росту любви и дружбы в обществе и укреплению мира во всем мире.

Астрология и вера в Бога

Дети, многие люди становятся зависимы от астрологии из-за своего беспокойства и страха за будущее. Нет недостатка в людях, которые паникуют и волнуются о таких вещах, как брак, бизнес, работа, продвижение по службе и так далее. Благоприятные и неблагоприятные ситуации, с которыми мы сталкиваемся в жизни, в первую очередь вызваны действиями, которые мы совершили в прошлых жизнях. Хотя астрология может дать нам подсказки о нашей судьбе и порекомендовать различные средства для смягчения наших негативных опытов, она не может полностью предотвратить их. Поэтому важно сделать так, чтобы наш ум был способен выдерживать проблемы, не теряя равновесия.

Однажды *махатма* подарил царю две статуи Богов и сказал: «Будь очень осторожен с этими статуями. Если они разобьются, царство постигнут большие беды. Могут случиться война, голод или наводнение».

Царь доверил статуи Богов слуге, который очень бережно хранил их в особом месте.

Однажды одна из статуй случайно разбилась. Слуга немедленно сообщил об этом царю, который разгневался и отправил его в тюрьму.

Через несколько дней царь соседнего государства напал на страну с огромной армией. Царь обвинил в этом слугу и приказал его повесить. Когда того спросили, есть ли у него последнее желание, слуга сказал: «Прежде чем я умру, прошу разрешить мне разбить вторую статую».

Услышав это, царь спросил его: «Почему ты просишь об этом?»

Слуга сказал: «Вы меня казните за то, что разбилась первая статуя. Не следует заставлять другого невинного человека умирать из-за второй статуи. *Махатма*, который дал вам этих идолов, сказал, что, если статуи Богов разобьются, произойдут плохие вещи. Он не сказал, что плохие вещи произойдут из-за того, что статуи разбились. Разбившаяся статуя просто указывала на то, что вот-вот начнется война. Как только вы получили этот знак, вам следовало немедленно подготовиться к встрече с армией вражеского царя».

Услышав это, царь осознал свою ошибку и освободил слугу.

Астрология и приметы просто указывают на трудности или удачу, которые могут произойти в нашей жизни. Нет смысла обвинять планеты или Бога в наших трудностях и проблемах. Мы должны сохранять бдительность и следить за тем, чтобы все наши нынешние действия были хорошими. Если мы будем так делать, то и наше будущее также будет наполнено добром.

Даже у атеистов и скептиков есть огромная вера в астрологов и прорицателей! Астролог с хорошей интуицией может рассказать о вашем прошлом и дать довольно точные прогнозы относительно вашего будущего. Способность астролога сонастроить свой ум с высшими мирами гораздо важнее, чем его ученость. В конечном итоге именно божественная милость, к которой он обращается, придает точность его предсказаниям.

Подобным образом, в итоге только Божья милость может изменить ситуацию или опыт, через который нам кармически суждено пройти. Важно помнить, что никакую кармическую ситуацию мы не можем предотвратить полностью. Тем не менее наши молитвы, медитация и духовные практики, безусловно, оказывают положительное влияние.

Многие думают, что если нанять священнослужителей для совершения *пудж* и *хом*, то проблема решится. В то время как такие ритуалы очень действенны, искренние и самоотверженные усилия, которые мы вкладываем в наши собственные духовные и религиозные практики, более важны.

Астрология — часть ведической культуры. Это наука, чистый и тонкий математический расчет, основанный на взаимосвязи между движениями солнечной системы, природой и человеческим умом. Как и все другие древние писания, *риши* получили астрологические знания в свои сердца в состоянии глубоких медитаций; в состоянии, когда их разум был единым целым со вселенной и ее чистыми и безусловными вибрациями. Поэтому давайте поймем, что наша вера должна быть не в астролога или его предсказание, а в высшую управляющую силу вселенной — Бога. Неразумные и не основанные на понимании, что хорошо и что плохо, действия, которые мы совершали в прошлом, должны уравновешиваться разумными и полными различения действиями в настоящем. Если мы так поступим, то будущее станет нашим другом.

Намного полезнее, чем стараться изменить ситуацию, попытаться изменить наше восприятие. Неблагоприятные обстоятельства и трудности часто бывают неизбежными. Мы должны изо всех сил стараться идти правильным путем, действовать и мыслить *дхармически*. Если негативные опыты все-таки возникают на нашем пути после искренних попыток обойти их, нам следует обрести такое отношение, чтобы принять их как волю Бога. Только тогда в жизни будет спокойствие и умиротворение.

Ценности

Избегайте предубеждений

Дети, мы воспринимаем одних людей как «хороших», а на других вешаем ярлык «никчемности». Затем, через некоторое время, мы меняем свое мнение. Те, кого мы раньше называли «хорошими», называем «плохими», и наоборот. Таким образом, наши мнения и взгляды постоянно меняются. Почему? Основная причина в том, что нам не хватает правильных знаний. У нас есть привычка судить обо всем на основе предубеждений.

Когда мы смотрим на что-то через призму наших предрассудков, мы не можем правильно это понять. Мы должны видеть вещи такими, какие они есть, и учиться смотреть на все непредвзято. Только тогда мы сможем понять реальную ситуацию.

Наш мир, а также объекты и люди в нем постоянно меняются. Человек, которого мы видели вчера, отличается от человека, которого мы встречаем сегодня. Портной всегда снимает свежие мерки даже у постоянных клиентов. Он никогда не думает: «О, я снимал мерки этого человека, когда он был здесь в прошлый раз. Нет необходимости делать это снова». Он знает, что размеры тела клиента, а также его симпатии и антипатии могут меняться. Нам следует иметь подобное отношение в общении с другими. Поведение человека и его отношение к нам может измениться в любой момент. Сегодняшний враг легко может стать завтрашним другом. Сегодняшний друг может стать врагом завтра. Мы всегда должны смотреть на других непредвзято, без предубеждений.

Некоторые люди думают, что действия, основанные на предрассудках, могут предотвратить трудности в будущем. Однако на самом деле нам требуются не предубеждения, а внимание. Предвзятое мнение негативно, внимание позитивно. Когда мы действуем с предубеждением, мы теряем возможность учиться новому. Но работая внимательно можно обнаружить множество новых много новых идей и точек зрения.

Однажды у одного человека пропал кошелек с большой суммой денег. В последний раз он видел его совсем недавно на своем месте в комнате. Мужчина, его жена и дети обыскали дом сверху донизу, но не смогли найти пропажу. В это время семилетний сын неожиданно сказал: «Соседский мальчик недавно был здесь». И тут вся семья стала подозревать соседского мальчика, на которого раньше смотрели с любовью. «Разве вы не заметили, как он хитро смотрит? — говорили они друг другу. — Нет сомнений в том, что это сделал он». Все сразу почувствовали, что он выглядит, ходит и ведет себя как вор. Их любовь и доверие к нему быстро испарились. Они начали с презрением относиться и к другим членам семьи этого мальчика. Постепенно все они утратили душевное спокойствие.

Примерно через неделю или около того жена делала в доме тщательную уборку.

Неожиданно она обнаружила потерянный кошелек под подушкой дивана. Ее отношение к соседскому мальчику мгновенно изменилось. Он снова стал милым невинным мальчиком, как и раньше. Когда мы смотрим на что-либо с предубеждением, наш ум формирует преждевременное суждение. После этого мы начинаем видеть все в свете этого суждения. Часто мы ошибаемся. Поэтому нам следует внимательно и с умением различать, что хорошо, а что плохо, понаблюдать за ситуацией, прежде чем делать выводы. Вот это правильный путь.

На самом деле, предрассудки часто формируются, когда мы проецируем свои симпатии и антипатии на других. Они не помогают нам увидеть правду, а, скорее, ослепляют. Предубеждения заставляют нас смотреть на мир через цветные очки. В зависимости от цвета фильтра мы начинаем думать о мире, как о «синем», «черном» или «зеленом» и т. д. Поэтому реальное понимание природы мира становится невозможным. Мы должны понимать и оценивать мир, наши обстоятельства, опыты и самих себя с вниманием и зрелостью, а не с предрассудками. Достичь этого можно только через духовность.

Пробудите осознанность

Дети, сегодня у нас есть знания, но нет осознанности. У нас есть интеллект, но нет способности различать между временным и вечным. Наши мысли, слова и действия должны возникать из правильного знания и чистой осознанности. В противном случае мы не достигнем поставленных целей. Если телегу тянут лошади, идущие в противоположных направлениях, она никуда не доедет. Однако, если обе лошади потянут телегу в одном направлении, она очень быстро доберется до места назначения. Подобным образом мы будем быстро развиваться в жизни, только если наши мысли, слова и действия будут находиться в согласии друг с другом.

До тех пор пока наша осознанность не пробудилась, мы не сможем правильно использовать даже удачные обстоятельства, которые встречаются на нашем жизненном пути. Мы будем действовать безрассудно и, в конечном итоге, потерпим катастрофу.

Однажды бизнесмен купил фабрику, которая находилась на грани банкротства и закрытия. Для успеха фабрики ему нужно было избавиться от ленивых и вороватых рабочих и заменить их способными, честными и искренними людьми. Он стал пристально наблюдать за всеми, кто работал на заводе. В свой первый визит он увидел прислонившегося к стене спящего рабочего. Рядом с ним трудилась группа людей. Решив проучить всех, бизнесмен разбудил спящего и спросил: «Какая у вас месячная зарплата?»

Мужчина открыл глаза и с удивлением ответил: «6000 рупий».

Владелец фабрики немедленно открыл свой кошелек, достал стопку денег и отдал их этому человеку, сказав: «Обычно, когда рабочего увольняют с работы, ему выплачивают зарплату за два месяца. Но я даю тебе зарплату за четыре месяца. Вот 24 000 рупий. Я не хочу тебя больше и близко здесь видеть».

После того как мужчина ушел, бизнесмен спросил других: «В каком отделе он работал?»

Один из них ответил: «Он здесь не работает, сэр. Он принес кому-то обед и ждал, чтобы забрать посуду».

В этой истории хозяин был очень умен, но в его действиях не было осознанности. Из-за этого он стал объектом насмешек.

Для того, чтобы совершать любое действие с полной осознанностью, необходимо объединить пять факторов. Во-первых, это знания о собственной работе. Во-вторых, способность различать между правильным и неправильным и видеть все возможные последствия. В-третьих, спокойный и умиротворенный ум. В-четвертых, полное внимание. И, в-пятых, отстраненность, чтобы отойти и взглянуть на себя и свои действия объективно. Когда эти пять факторов соединятся, мы будем выполнять любую работу наилучшим образом. Пусть наши усилия будут направлены на это.

Вредные привычки

Дети, одна из самых больших опасностей, которая может с нами произойти, — это если мы попадем в тиски вредных привычек. Как только это случится, будет очень трудно освободиться. Поэтому мы всегда должны сохранять бдительность.

Если мы постоянно вовлекаемся в негативное мышление и совершаем соответствующие поступки, они становятся привычками. Далее, без нашего ведома, эти привычки уничтожают саму нашу жизнь.

Однажды мужчина обратился к окулисту из-за раздражения в глазах. Осмотрев его, врач сказал: «Не о чем беспокоиться. Просто промывайте глаза бренди два раза в день. В течение недели дискомфорт исчезнет». На следующей неделе пациент вернулся ко врачу. Осмотрев его, врач сказал: «Улучшений нет! Что произошло? Вы не выполняли мои инструкции?» Пациент сказал: «Я пытался, но не мог пронести руку мимо рта».

Когда привычки становятся нашей природой, мы превращаемся в рабов этих привычек. Настолько сильно влияние привычек на нас.

Сегодня мы находимся в состоянии, похожем на сон. Из-за этого мы не осознаем свои слова и действия. Недостаточно иметь знания, наша осознанность должна пробудиться. Только тогда мы сможем извлечь максимальную пользу из наших знаний. Все, кто курят, знают, что курение вредит их здоровью, но все равно курят. Только когда им поставят диагноз «рак», они осознают, насколько вредна эта привычка. После этого даже если они захотят закурить, они больше не притронутся к сигаретам.

Многие люди с вредными привычками говорят мне: «Эта привычка формировалась годами. Просто так избавиться от нее очень сложно. Поэтому я постараюсь бросать постепенно». Это потому, что они не осознают, насколько опасна их вредная привычка для физического и психического здоровья. Представьте себе дом, который загорелся, пока хозяин спит. Он просыпается и видит, как огонь полностью окружает его. Его единственной мыслью будет убежать. Он не будет медлить. Подобным образом, в тот момент, когда мы действительно поймем, что плохие привычки вредят нам, мы немедленно откажемся от них.

Первое, что необходимо для избавления от вредных привычек, — это решимость. Второе — избегание соблазнительных ситуаций. Важно держаться подальше от друзей, которые могут снова вернуть нас к плохим привычкам. Не стесняйтесь обращаться за помощью к врачу или психологу, когда это необходимо. Если проявить бдительность и постоянно прилагать усилия, вы сможете преодолеть любую вредную привычку.

Преданность сама по себе является конечной целью

Дети, общее убеждение состоит в том, что Бог воплощается в человеческом образе, чтобы защитить и сохранить *дхарму* и уничтожить *адхарму*. Но помимо этого есть еще одна причина воплощения Бога — пробуждение любви к Нему в сердцах людей. Вот почему многие мудрецы говорят, что, помимо четырех целей человеческой жизни — праведности, финансовой безопасности, желания и освобождения, — существует пятая цель — преданность.

Истинный преданный даже не желает освобождения. У него только одна цель: «Пусть я всегда буду помнить о Боге и служить Ему». Он больше ничего не хочет. По мнению настоящего преданного, преданность сама по себе является конечной целью. В приверженности достижению преданности, личность перестает существовать. И тогда смирение с волей Божьей становится полным.

И даже тогда в сердце преданного остается желание наслаждаться любовью к Богу. Непрерывно наслаждаясь блаженством преданности, преданный также становится живым воплощением блаженства.

Однажды Уддхава сказал Господу: «Я слышал, что среди всех преданных ты больше всего любишь *гопи*. Есть много других преданных, у которых на глазах появляются слезы, когда они слышат твое имя. Они входят в *самадхи*, когда слышат твою божественную флейту. Когда они видят синий оттенок кожи твоего божественного тела даже издалека, они теряют сознание и падают в обморок. Что же такого особенного в преданности *гопи*?»

Услышав это, Господь улыбнулся и сказал: «Все мои преданные дороги мне. Но у *гопи* есть нечто особенное и уникальное. Другие преданные плачут, когда слышат мое имя. Но *гопи* слышат все имена как мое имя. Для них все звуки — это божественная флейта Господа Кришны. Любой цвет в их глазах кажется синим. *Гопи* способны видеть единство в разнообразии. Вот почему они стали для меня самыми дорогими».

Жена, которая любит своего мужа как свою собственную жизнь, думает о своем дорогом муже, когда берет ручку, чтобы написать ему. Ее ум наполнен лишь воспоминаниями о нем, когда она наполняет ручку чернилами и выбирает бумагу, на которой будет писать. Так и ум истинного преданного постоянно сосредоточен на Боге: когда он готовится к богослужению, когда он готовит сосуды, ароматические палочки, камфору и цветы. В этот возвышенный, благородный момент преданности он видит Создателя во всем творении. И по этой же причине *гопи* не могли видеть ничего, что было бы отличным от их Господа.

Пусть воспоминания о Господе Кришне и *гопи*, блаженно танцующих во Вриндаване и забывших обо всем остальном в своем экстазе, наполнят наши сердца преданностью, восторгом и блаженством.

Действие и мысль

Дети, в этом мире есть два типа людей: одни действуют не думая, а другие думают не действуя. Первая группа попадает в большие неприятности из-за того, что действует не думая или, как минимум, неправильно думая. Они не только не могут никому помочь, но часто и вредят людям. Вторая группа мыслит с умением различать и понимает, что правильно, а что нет. Однако они не действуют соответствующим образом. В лучшем случае они могут дать совет другим. Они похожи на больного, который просит кого-нибудь принять за него прописанное ему лекарство. Мы часто планируем совершить много добродетельных поступков, но затем придумываем множество предлогов, чтобы отменить свой план.

Когда-то существовал один древний храм. В него каждую неделю приходила большая группа верующих, чтобы помедитировать и помолиться. Наблюдая за ними, обезьяна подумала: «Все эти преданные получают милость Бога, совершая аскезы и молитвы. Почему я тоже не могу поститься и медитировать?» На следующий день эта обезьяна села под деревом и начала медитировать. Она сразу подумала: «Я никогда раньше не постилась. К тому времени когда закончится день голодания, я так устану, что не смогу даже ходить. Я могу умереть! Если я сяду под фруктовым деревом, мне не придется далеко ходить в поисках еды после того, как я закончу пост».

Размышляя таким образом, обезьяна встала и передвинулась под фруктовое дерево. После этого она начала медитировать. Через некоторое время она подумала: «А что если после столь долгого голодания у меня не хватит сил залезть на дерево за плодами?» И она забралась на ветку, где было много фруктов, и села там медитировать. Затем она стала думать: «А что если мои руки слишком ослабнут, чтобы сорвать плоды после голодания?» Поэтому она сорвала много фруктов, положила их на колени и продолжила медитировать. Немного погодя она почувствовал голод. Она подумала: «Я давно не ела таких больших и вкусных фруктов. Поститься можно и в другой день!» Как только эта мысль пришла ей в голову, плод оказался у нее во рту.

Многие из нас похожи на эту обезьяну. Наш ум постоянно находит оправдания, чтобы не делать то, что нужно. Наряду со знаниями мы должны иметь решимость и однонаправленную сосредоточенность на своей цели. Те, кто обладают силой воли и усердно работают над достижением всех своих целей, обязательно добьются успеха.

Не становитесь рабами гнева

Дети, гнев — это слабость, которая делает нас рабами. Когда мы злимся, мы теряем самообладание и правильное суждение. Мы полностью теряем осознание себя самих и того, что говорим и делаем.

Сегодня наш ум стал подобен марионетке в чужих руках. Они точно знают, за какие веревочки дергать. Если другие нас хвалят, мы становимся счастливыми. Если они нас критикуют, мы начинаем раздражаться. Таким образом, нашей жизнью управляют чужие слова. Более того, когда мы начинаем метаться туда и сюда от гнева, создавая ад для наших близких, это становится настоящим источником развлечения для зевак!

Это напоминает мне историю. Мужчина пришел в парикмахерскую. Начав его стричь, парикмахер вскоре сказал: «Представляете, вчера я встретил вашу тещу. Знаете, что она рассказала? Она сказала, что вы припрятали довольно много нелегальных наличных средств».

Услышав это, лицо мужчины покраснело от гнева. «Она так сказала? Она ничем не лучше обыкновенного вора! Вы знаете, у скольких людей она заняла деньги, не вернув ни единой пайсы? Я тот, кто выплачивает все ее долги!» Мужчина не остановился на сказанном. Он продолжал ругать тещу в течение всей стрижки.

Примерно через месяц, или около того, когда мужчина снова пошел стричься, парикмахер усадил его в кресло, взял ножницы и сразу же начал рассказывать о его теще. «На днях я столкнулся с вашей тещей, — сказал он. — Она сказала мне, что вы не даете ей денег на хозяйственные расходы».

Мужчина пришел в ярость. Он начал кричать: «Как эта ведьма может такое говорить! Это я беру на себя все ее расходы па одежду, на еду, за все!» Начав этими словами, он продолжал обличительную речь в адрес тещи на протяжении всей стрижки.

В третий раз, когда он пошел на стрижку, парикмахер снова заговорил про тещу. На этот раз мужчина остановил его и сказал: «Эй, а почему вы всегда говорите о моей теще? Я не хочу больше о ней слышать».

Парикмахер ответил: «Ну, понимаете, я упоминаю ее, потому что это вас так злит, что у вас волосы встают дыбом. И тогда мне очень легко их стричь».

Когда мы сердимся, гнев становится нашим господином, а мы становимся его рабами. Но при правильном отношении и самоконтроле мы можем это изменить. Когда мы понимаем, что наш гнев — это слабость, мы можем начать прилагать усилия, чтобы контролировать его.

В действительности каждый человек и все обстоятельства являются зеркалами, отражающими наши слабости и негативные стороны. Подобно тому как мы смываем грязь с лица, глядя в зеркало, мы должны использовать все обстоятельства, происходящие в жизни, чтобы смывать грязь наших слабостей и отрицательных черт.

Если мы обретем духовное понимание, нам станет намного легче контролировать свои эмоции и мысли. Если кто-то сердится на нас, мы должны помнить, что гнев — это сродни инвалидности, умственной инвалидности. Это поможет нам простить человека. Или мы можем поразмыслить: «Какой смысл гневаться в ответ? Разве не мудрее было бы, если бы вместо этого я приложил усилия, чтобы победить свое эго, которое является настоящим источником всей боли, которую я чувствую?» Если мы сможем размышлять в таком ключе, то сохраним душевное равновесие и самообладание при любых обстоятельствах.

Энтузиазм — секрет успеха

Дети, в какой бы области мы ни хотели добиться успеха, нам нужен неутомимый энтузиазм. Независимо от того, с какими препятствиями мы столкнемся, нам следует проявлять упорство. Мы должны продолжать попытки с постоянным энтузиазмом и уверенностью в себе. Тот, кто полон энтузиазма, всегда добьется успеха.

Малыш так много раз падает, но он всегда быстро встает и снова пытается идти. Независимо от того, сколько раз он споткнется и упадет, он всегда встает. Даже если набьет шишку или синяк, он продолжит попытки. И именно благодаря своим непрекращающимся попыткам, энтузиазму и терпению, он учится ходить. Столкнувшись с препятствиями, мы должны упорно продолжать действовать, как этот ребенок, не ощущая себя сломленными.

Однажды стадо коз увидело на вершине горы огромный виноградник. Все козлята пришли в невероятное возбуждение. Они ни о чем другом не могли думать, кроме как о том, чтобы забраться на гору и поесть винограда! Изо всех сил они начали карабкаться вверх. Увидев это, старшие козы сказали: «Эй, куда вы? Виноградник очень высоко! Вы никогда не сможете туда забраться». Услышав это, козлята стали терять энтузиазм. Вскоре они выбились из сил и один за другим начали спускаться вниз. В итоге остался только один козленок. Он продолжал подниматься. Все козы и козлята изо всех сил звали этого одинокого козленка, но никто из них не мог сокрушить его энтузиазм. В конце концов он достиг вершины горы и до отвала наелся винограда. Когда он спустился, все друзья встретили его аплодисментами и овациями. Наблюдая за этим, одна коза спросила: «Потрясающе! Как тебе это удалось, в то время как никто больше не смог?» Козленок не ответил. Тогда его мать объяснила: «Мой козленок глухой».

Фактически, глухота козленка превратилась в благословение. Он смог сохранить энтузиазм, несмотря на критику вокруг.

У всех нас есть эта сила, которая способная преобладать внутри нас. К сожалению, большинство из нас падают духом, столкнувшись с негативом, и никогда не распознают в себе ту чудесную внутреннюю силу. Мы должны быть бдительными и следить за тем, чтобы мы всегда сохраняли фокус на своей жизненной цели. Если мы осознаём свою цель и прилагаем непрерывные усилия, мы сможем совершить, казалось бы, невозможные подвиги.

Исцеление от чувства вины за прошлые ошибки

Дети, многие люди в этом мире живут с чувством вины за все ошибки, которые они совершили сознательно и неосознанно. У многих случаются депрессии и другие психические расстройства. Некоторые даже кончают жизнь самоубийством. Многие люди, посещая храмы и совершая паломничества, ищут прощения за свои проступки. Но лишь очень немногие избавляются от чувства вины, которое гложет их ум, и обретают истинное умиротворение.

Погружение в сожаления и печаль из-за совершенных ошибок можно сравнить с тем, как мы плачем над мертвым телом и обнимаем его. Сколько бы мы ни плакали, покойный не воскреснет. Точно так же, как бы мы ни старались, мы никогда не сможем вернуться назад во времени и исправить свои ошибки. Время движется только вперед.

Когда дети порежутся, они обычно расчесывают и усугубляют рану. В конце концов, они больше не могут терпеть боль. Многократное повторение самому себе: «Я совершил ошибки. Я грешник» похоже именно на это. Оно превращает небольшую ранку в серьезное заболевание. Это никогда не принесет душевного покоя.

В любых обстоятельствах мы должны мыслить практично. Если вдруг мы упадем, мы не должны оставаться лежать на земле и плакать. Просто встаньте и продолжайте идти. Делайте каждый шаг с осторожностью. Не теряйте надежды.

Журналист спросил известного фермера: «В чем секрет вашего успеха?»

Фермер ответил: «Принимаю правильные решения».

Репортер снова спросил: «Как вам удается принимать правильные решения?» — «Опыт». — «Как вы приобрели опыт?» — «Принимая неправильные решения».

Практический опыт, полученный фермером из-за принятия неправильных решений, помог ему научиться принимать правильные решения. Впоследствии, когда он стал принимать правильные решения, к нему пришел успех. История этого фермера учит нас, что даже неправильные решения становятся ступенькой к успеху.

Настоящий момент — это единственное богатство, которым мы обладаем. Только в настоящем моменте мы можем исправить свои ошибки и пойти по пути добра. Когда мы грустим, думая о прошлом, мы теряем бесценный момент настоящего.

Важнее всего то, насколько хорошо мы используем настоящее. Именно оно определяет наш жизненный путь. Поэтому твердо поклянитесь не повторять своих ошибок. Если возможно, примите необходимые меры, чтобы исправить прошлые ошибки или загладить вину. Затем идите вперед, сосредоточившись на своей цели. Вот что необходимо делать.

Когда мы спешим, теряется красота

Дети, мы живем в такое время, когда мы не можем выделить время ни для себя, ни для других. Причина в том, что наш ум постоянно занят сотнями мыслей о том, что произошло в прошлом; о том, что возможно произойдет в будущем; о том, что мы должны сделать. Из-за этого мы не можем понять, что должно быть сделано в настоящем. Мы не в состоянии действовать так, чтобы наши поступки приносили хорошие результаты. В итоге у нас нет спокойствия, мы упускаем красоту этого мира.

Дедушка и внук часто гуляли в близлежащем цветочном саду. Однажды во время прогулки внук нащупал под сухими листьями что-то твердое. Он наклонился, чтобы посмотреть, что это, и обнаружил монету. «Кто-то, должно быть, обронил ее, гуляя здесь», — сказал он и радостно поднял монету. С тех пор каждый раз, когда они гуляли, мальчик осматривал сухие листья в поисках монет. Время от времени он находил одну или две и клал в карман. Дедушке он об этом не говорил. Когда они возвращались домой, он складывал монеты на хранение в банку. Это стало привычкой. Примерно через пять лет мальчик показал копилку своему дедушке, сказав: «Дедушка, посмотри на все монеты, которые я собрал во время наших прогулок! Здесь больше 100 рупий!»

Дедушка улыбнулся и сказал: «Внучек, тебе повезло найти столько монет. Но подумай обо всех вещах, которые ты потерял, пока искал монеты. Ты ни разу не заметил красоту деревьев, колышущихся на ветру. Ты не слышал, как птицы поют свои мелодичные песни. Так много рассветов и закатов прошло незаметно для тебя. Сколько распустившихся цветов, сколько радуг! Ты упустил журчание ручьев, красоту прудов. Внук, такие вещи бесценны».

Не часто ли такое случается и в нашей жизни? Многие люди приводят свою семью на пляж, чтобы полюбоваться закатом. Несмотря на это, они и там продолжают проверять электронную почту и сообщения. Посреди всей этой красоты они никогда не наслаждаются ею. Мы проводим много времени в «Фейсбуке», но не видим лиц людей, находящихся рядом с нами.

Дети, так не должно происходить. Технологии — это нормально. Они могут сблизить нас с теми, кто находится далеко, но они не должны уводить нас от тех, кто рядом. Часто видно, как жена явно сильно расстроена, а муж даже не замечает этого. Работая днями и ночами, отцы должны находить время для общения с семьей. Как жаль, когда у нас есть красивый сад, а мы, каждый раз сидя в нем, просто говорим по телефону и никогда не наслаждаемся его красотой.

Волнение ума легко может заслонить красоту этого мира. Тогда жизнь станет подобна прекрасному цветку, покрытому грязью. Только если мысли возникают в правильное время и в правильном ключе, мы сможем спокойно выполнять все задачи и жить в настоящем моменте. Только тогда мы будем наслаждаться красотой, которая является одновременно и нашей истинной природой, и природой мира.

Учитесь вносить вклад в общество

Дети, до недавнего времени самопожертвование и простота считались двумя наиболее важными аспектами жизни. Однако сегодня основная цель большинства людей — просто заработать как можно больше денег и накопить как можно больше материальных благ. Печально, но люди думают, что успех — это взять по максимуму и отдать по минимуму.

Когда мы берем что-то у природы или у общества, это наша обязаность отдать что-то взамен. Если мы позаботимся о том, чтобы давать больше, чем берем, то в обществе наступят постоянный мир, процветание и единство. Но сегодня люди поддерживают деловые отношения с обществом и природой. У них даже есть деловые отношения с Богом. Предполагается, что мы должны стараться развить в себе смирение перед

Богом, но вместо этого, даже когда люди молятся, они пытаются получить выгоду.

Однажды богатый бизнесмен плыл на корабле. Внезапно корабль попал в ужасный шторм. Капитан объявил, что шансы выжить невелики. Все начали молиться. Бизнесмен молился так: «Боже, если я выживу, я продам свой пятизвездочный отель и отдам тебе 70% денег. Пожалуйста, защити меня!» Удивительно, но как только он это сказал, море успокоилось. Вскоре все пассажиры, включая бизнесмена, благополучно оказались на берегу. Но теперь бизнесмен был в мучениях. Он размышлял: «Если я продам свой отель, я получу как минимум 10 миллионов рупий, и мне придется отдать Богу 7 миллионов. Какой ужас!» Он начал думать, как выйти из положения. На следующий день во всех газетах появилось объявление. В нем говорилось: «Пятизвездочный отель продается всего за одну рупию». Сотни людей пришли, чтобы попытаться купить отель. Бизнесмен объявил всем: «Да. Это правда, я продаю отель за одну рупию. Но есть одно условие. Человек, который покупает отель, должен также купить моего щенка. А цена щенка десять миллионов рупий». В конце концов появился покупатель, сделка была завершена, и бизнесмен принес Богу 70 пайс.

Таково поведение многих людей в современном мире. Мы даже готовы соврать Богу, чтобы получить то, чего хотим.

Сегодня мы смотрим на все глазами бизнесмена. Единственной нашей заботой являются собственные эгоистичные интересы, независимо от сферы деятельности. Благодаря этому многие люди думают, что развиваются. Но такое развитие подобно разновидности рака — несбалансированное развитие, которое в конечном итоге приводит к разрушению как личности, так и общества. Индивидуальное развитие, не учитывающее развитие общества, нельзя назвать истинным ростом. Наш рост не должен мешать росту других. Напротив, он должен помогать другим расти.

Дети, все, что мы даем миру, вернется к нам. Если мы посеем одно семя, земля вернет его нам стократно. Все, что мы даем, вернется к нам как благословение в настоящем и в будущем. Наша жизнь становится богаче не за счет того, что мы берем, а за счет того, что отдаем.

Преодоление напряжения

Дети, сегодня люди находятся в постоянном напряжении. Даже при наличии всех жизненных удобств, люди не могут избавиться от напряжения. Постоянное беспокойство стало нашей природой.

Если просто смотреть на порез на руке, переживать и плакать по этому поводу, это не исцелит его. Мы должны промыть и очистить рану и нанести лекарство. В противном случае может возникнуть заражение. Так же и с проблемами. Одно лишь беспокойство о них не создаст решения.

Фактически, беспокойство о проблемах только увеличивает их. Это становится похоже на забег со 100-килограммовым грузом на шее. Разве так мы сможем победить? Наша жизнь станет несчастной.

Обычно у здорового человека нижнее артериальное давление составляет — 80, а верхнее — 120. Когда человек с высоким кровяным давлением испытывает стресс, оно повышается до 150 или 200. У такого человека может случиться инсульт, и одну сторону его тела может парализовать. Напряжение ослабляет нас внутри и снаружи. Большой процент людей в обществе страдает сердечными заболеваниями. У многих установлен кардиостимулятор. Однако, если мы сможем установить духовный «стимулятор спокойствия», большинство кардиостимуляторов не понадобятся.

Однажды *Гуру* и его ученики гуляли на открытом солнце. Увидев дерево, они сели в его тени. *Гуру* попросил учеников принести воды. Вдалеке они заметили небольшой пруд. Но когда стали набирать воду в кувшины, крестьянин привел своих быков купаться. Вода стала совсем мутной. Ученики расстроились, вернулись к *Гуру* и рассказали ему, что произошло. *Гуру* попросил их сесть рядом с ним. Все отдыхали в тени полчаса. Затем *Гуру* сказал: «Теперь вернитесь к пруду и проверьте». Ученики вернулись к пруду и увидели, что вода стала кристально чистой. Они наполнили кувшины и принесли *Гуру*. *Гуру* сказал: «Таково состояние человеческого ума. Когда возникают проблемы, ум становится мутным и взволнованным. Но если какое-то время оставаться в тишине и молчании, он снова успокаивается. И в результате ум восстанавливает все свои таланты и способности».

Простая жизнь и самопожертвование

Дети, мировоззрение и ценности нашего общества радикально меняются. Еще два поколения назад нашими высшими идеалами были простая жизнь и самопожертвование. Однако сегодня большинство считает, что роскошь — самое главное. Расточительство и блажь стали частью нашего образа жизни.

Некоторые люди тратят тысячи, десятки тысяч рупий на дополнительный комфорт и излишества. В то же время их соседи голодают. Тысяча рупий может сыграть решающую роль в том, выйдет ли девушка замуж или останется одна. Некоторые тратят сотни тысяч рупий на празднование свадьбы дочери. Другие семьи отвергают свою невестку, отправляя ее обратно к родителям, потому что она не принесла достаточно приданого. Таких случаев очень много.

В наши дни индийцы, как правило, очень экстравагантны, когда речь заходит о свадьбе. По правде говоря, свадьбу можно провести скромно, пригласив лишь регистратора. И даже в этом случае свадьба будет олицетворять союз и благополучие. В старину свадебные торжества организовывались, чтобы осчастливить соседей и друзей, чтобы те одаривали молодоженов благословениями и тем самым наполняли жизнь молодых нектаром мира и счастья. Все это со временем изменилось.

Мы не должны придавать такое значение внешней экстравагантности. Имея немного сострадания в наших сердцах, мы можем сократить количество денег, которые тратим на свадьбу собственного ребенка, и отдать их часть на помощь в организации свадьбы для бедной девушки.

Сегодня индийское общество, особенно общество штата Керала, одержимо золотом. Общество научило нас, что слово *"пенн"* на малаялам означает не только «женщина», но и «золото». В наши дни некоторые женщины носят на себе больше золота, чем слон, облаченный в *неттипаттам* [золотой головной убор, который надевают на слонов во время праздничных церемоний]. Женщины обычно считают, что с ними что-то не так, если их запястья и шея не увиты золотом. Оно стало внешним проявлением гордыни.

Амма никогда не скажет, что покупать золото неправильно. Когда покупка золота тщательно продумана, это может стать хорошей инвестицией. Но быть одержимыми золотом опасно, особенно когда родители занимают деньги, продают или закладывают собственность для оплаты свадебных расходов. На самом деле эта одержимость золотом сформирована не женщинами, а обществом.

Мы должны сохранять баланс и простоту во всех наших действиях. Для всего есть свое место. И в тоже время, выходя за определенные пределы, что угодно может стать *адхармой*. Эксплуатация природных ресурсов земли без учета интересов других — это грех. При приеме ванны или мытье посуды нужно быть осторожными, чтобы не потратить больше воды, чем действительно нужно. Мы должны выключать свет и вентиляторы, когда выходим из комнаты. Никогда не следует выбрасывать еду. Мы должны быть бережными со всем этим. Ведь так много людей во всем мире голодают.

Наша жизнь станет благословенной, если мы сместим фокус внимания с удовлетворения собственных желаний на помощь другим. Если мы готовы покончить с вредными привычками и уменьшить нашу расточительность, мы сможем использовать сэкономленные деньги для помощи нуждающимся — людям, которые не могут позволить себе даже один полноценный прием пищи в день. Тогда свет добра озарит не только их жизнь, но и нашу собственную.

Сопереживание и сострадание

Дети, на первый взгляд, сопереживание и сострадание различаются лишь незначительно. Однако, если мы посмотрим глубже, мы увидим, что они сильно различаются. Сопереживание — это кратковременное чувство, которое мы испытываем, когда видим кого-то в отчаянии. Оно не оказывает особого влияния на страдающего человека. Сопереживающий предлагает страдающему человеку какую-то помощь, возможно, говорит несколько утешительных слов, и это помогает ему почувствовать себя хорошо. С другой стороны, сострадание — это переживание чужого горя как своего собственного. В сострадании нет двойственности, только единство. Когда у нас повреждена левая рука, правая рука утешая поглаживает ее, потому что это наша собственная боль. Вот как обстоит дело с состраданием.

Однажды ученик спросил своего *Гуру*: «Что такое настоящее сострадание?» *Гуру* отвел его на улицу недалеко от *ашрама*.

Там он попросил ученика понаблюдать за нищим. Спустя несколько мгновений старушка положила нищему монету в чашу для подаяний. Через некоторое время богатый человек дал ему купюру в 50 рупий. Затем прошел маленький мальчик. Он приветливо улыбнулся нищему. Он подошел и начал говорить с ним уважительно, как будто со старшим братом или сестрой. Нищий был очень счастлив. *Гуру* спросил ученика: «Кто из всех этих трех человек имел истинное сострадание?»

Ученик ответил: «Богатый человек».

Гуру улыбнулся и сказал: «Нет, у него не было ни сострадания, ни сопереживания. Его единственным намерением было продемонстрировать свою щедрую натуру».

«Старая женщина?» — предположил ученик.

«Нет, — сказал *Гуру*. — Старушка посочувствовала, но не восприняла нищего как себя саму. Она не хотела по-настоящему избавить его от бедности. Только отношение ребенка можно назвать настоящим состраданием. Он отнесся к нищему как к самому себе. Хотя мальчик ничем не мог существенно помочь нищему, между ними была сердечная связь и взаимопонимание. То, что мальчик проявил к нищему, и было истинным состраданием».

Миру не нужно наше кратковременное сопереживание, ему нужно наше искреннее сострадание. Сострадание возникает тогда, когда мы чувствуем счастье и горе других как свои собственные. И тогда рождаются любовь и желание служить. Сострадание — единственное лекарство, которое лечит раны мира.

Главное — правильное отношение

Дети, многие люди живут в состоянии полного разочарования из-за проблем, возникающих на работе и в жизни в целом. В основном это связано с их умственным отношением или ошибочным взглядом на жизнь. Их жизни сильно изменились бы, если бы кто-то мог указать им правильный путь и поддерживать их на этом пути. Они перестали бы ощущать на себе тяжкий груз и даже смогли бы стать для других положительным примером для подражания.

Однажды, один студент колледжа очень хотел стать врачом. Однако он недобрал на вступительном экзамене в медицинский университет один балл и не был принят. Из-за сильного разочарования, состояние его ума не позволило ему поступить на какую-либо другую учебную программу. Через некоторое время он уступил желаниям своих родственников и подал заявление о приеме на работу в банк. Он получил работу, но продолжал терзаться мыслями о том, как ему не удалось стать врачом. Из-за этого он не мог с любовью обслуживать клиентов банка или даже просто улыбаться им. Увидев его душевное состояние, друг отвел его к *Гуру*. Юноша открылся *Гуру* и рассказал о тяжести, которая лежала на его сердце. «Я не могу совладать со своим умом. Я злюсь из-за мелочей. Я обслуживаю клиентов банка без уважения. При таких обстоятельствах, не думаю, что я смогу продолжать там работать. Что мне делать?»

Гуру утешил его и сказал: «Сынок, если бы я послал туда очень близкого друга, как бы ты отнесся к нему?»

«Я бы с радостью помог ему во всем, что бы ему ни понадобилось».

«В таком случае, с этого момента смотри на каждого клиента как на того, кого Бог специально послал тебе. Тогда ты сможешь с любовью общаться с каждым человеком».

С этого дня отношение молодого человека полностью изменилось. Эти изменения отражались во всех его мыслях и поступках. Когда он научился смотреть на каждого посетителя как на посланника Бога — видеть в каждом образ Бога — его действия воистину превратились в вид богослужения. Все печальные мысли исчезли из его головы. Его сердце наполнилось радостью и удовлетворением. Он смог со всеми делиться счастьем, которое он испытывал.

Преданность очень полезна для развития правильного умственного настроя. У верующего человека Бог будет центром его существования. Он во всем будет видеть Господа. Он отдаст все свои действия на волю Бога. Таким образом, если человек может воспринимать все свои действия как поклонение Богу, это поможет не только ему самому, но и всему обществу.

Путь к миру

Дети, когда Амма смотрит на сегодняшний мир, она испытывает большую печаль. Повсюду, картины слез и кровопролития. Люди не могут проявить сострадание даже к детям. Каждый день в войнах и террористических актах гибнет множество ни в чем не повинных людей. Действительно, войны велись и в старину, но тогда никто не воевал с безоружными. Драки после захода солнца тоже не допускались. Вот такой кодекс поведения соблюдался в те времена. Однако сегодня любой метод разрушения приемлем, независимо от того, насколько он жесток или противоречит *дхарме*. Оглядываясь вокруг, мы видим мир, которым правят эгоистичные и эгоцентричные люди.

Первопричина всех разрушений — эго. Два типа эго наиболее разрушительны. Первый — эго власти и богатства. Второй тип эго — «только моя точка зрения верна! Ничего другого я не потерплю». Такой эгоизм делает невозможным мир и удовлетворенность, как в нашей собственной жизни, так и в обществе в целом.

Все точки зрения имеют свою ценность. Мы должны приложить усилия, чтобы признать и принять их. Мы должны осознанно пытаться понять идеи каждого. Если нам удастся это сделать, мы сможем положить конец бессмысленным войнам и кровопролитиям, которые мы видим вокруг.

Для того чтобы по-настоящему понимать и уважать взгляды других, мы должны сначала взрастить в себе любовь. Многие люди прилагают огромные усилия, чтобы выучить другой язык. У них есть к этому большой интерес и энтузиазм. Однако изучения языка недостаточно, чтобы научиться понимать других людей. Для этого нам нужен язык любви. Язык, который мы полностью забыли.

Однажды группа волонтеров пришла на встречу с владельцем крупного бизнеса, чтобы попытаться получить деньги для гуманитарной организации. Они подробно описали ужасное состояние страдающих людей, которым они собирались помочь. Их рассказа о боли и невзгодах было достаточно, чтобы растопить чье угодно сердце. Но он нисколько не тронул этого бизнесмена, и он не выказал никакого интереса. Полные разочарования волонтеры собрались уходить. В этот момент бизнесмен сказал: «Постойте. Я задам вам вопрос. Если вы ответите правильно, я вам помогу. Один глаз у меня искусственный. Вы можете сказать, какой именно?»

Волонтеры внимательно посмотрели ему в глаза. Затем один из них сказал: «Левый глаз».

Бизнесмен воскликнул: «Потрясающе! Раньше никто не мог отличить. Мне это стоило больших денег. Как тебе удалось догадаться?»

Волонтер сказал: «Я внимательно посмотрел на оба глаза. В правом было видно чуточку сострадания. Левый был похож на камень. Так я сразу понял, что правый глаз настоящий».

Этот бизнесмен — идеальный символ современного времени. Сегодня у нас горячие головы и холодные сердца. Необходимо обратное: голова должна быть холодной, а сердце горячим. Холодный эгоизм в нашем сердце должен преобразоваться в теплоту любви и сострадания, а вспыльчивость эго должна преобразоваться в рассудительное и обширное Самопознание.

Любовь и сострадание — наши самые большие богатства. Сегодня мы их утратили. Без любви и сострадания нет надежды ни для нас, ни для мира. Давайте пробудим мягкость и нежность этих божественных качеств в своем сердце.

Сохраняйте отношение новичка

Дети, нам всегда следует сохранять отношение новичка. Если у нас есть такое отношение, у нас есть смиренность, оптимистичная вера и энтузиазм. Для этого нам необходимо открытое сердце, чтобы принимать все хорошее, откуда бы оно ни исходило. Если мы сможем это сделать, смиренность, оптимистичная вера и энтузиазм пробудятся в нас автоматически. Тогда мы научимся извлекать уроки из всего нашего опыта. Мы также сможем правильно реагировать на любые обстоятельства. С другой стороны, если наше сердце закрыто, мы не только станем рабами своего эго и упрямства, но и совершим много ошибок и потеряем способность впитывать то, что хорошо для нас. Такое поведение ведет к саморазрушению.

Однажды, во время войны Махабхараты, Арджуна и Карна сошлись друг с другом на поле битвы. Господь Кришна управлял колесницей Арджуны. Салья был возничим

Карны. Арджуна и Карна осыпали друг друга стрелами. В конце концов, намереваясь убить Арджуну, Карна приготовился выстрелить ему в голову. Увидев это, Салья сказал: «Карна, если ты хочешь убить Арджуну, не целься ему в голову. Целься в шею».

Карна эгоистично ответил: «Если я прицелился, я никогда не изменю свое мнение. Я выпущу эту стрелу прямо в голову Арджуны!» И Карна пустил стрелу.

Господь Кришна увидел стрелу, летевшую прямо в голову Арджуны, и быстро прижал колесницу к земле своими божественными стопами. Колеса повозки вонзились в землю, и стрела, которая могла попасть в голову Арджуны, попала только по его короне. Корона была сбита, но Арджуна был спасен. Вскоре после этого Арджуна убил Карну.

Если бы только Карна послушал Салью, он бы попал в Арджуну и убил его. Но эго Карны не позволило ему принять совет Сальи. Это привело к гибели Карны.

Позиция «я знаю все» блокирует наше обучение. Если чашка заполнена до краев, что еще туда можно влить? Только когда ведро пустое и погружено в воду, его можно наполнить. Даже если лауреат Нобелевской премии захочет научиться играть на флейте, он должен будет принять отношение новичка и стать учеником под руководством наставника.

Отношение новичка — это пропуск в мир знаний и способности к расширению. Это отношение «я ничего не знаю, пожалуйста, научите меня». Благодаря ему мы отовсюду будем получать Божью милость, легко обретать знания и праздновать победу в нашей жизни.

www.ingramcontent.com/pod-product-compliance
Lightning Source LLC
LaVergne TN
LVHW051730080426
835511LV00018B/2976